国家自然科学基金面上项目研究成果（项目批准号：71672119）
国家留学基金委项目资助（留金项〔2019〕44号）
四川省社科规划项目研究成果（项目批准号：SC14C048）

西南民族大学学科建设文库

陈丽霖——著

增值税转型财务行为及其经济后果研究

A STUDY ON
VAT REFORM FINANCIAL BEHAVIOR
AND ITS ECONOMIC CONSEQUENCES

中国经济出版社
CHINA ECONOMIC PUBLISHING HOUSE
北京

图片在版编目（CIP）数据

增值税转型、财务行为及其经济后果研究/陈丽霖
著. —北京：中国经济出版社，2020. 12（2023. 8 重印）
ISBN 978-7-5136-6175-1

Ⅰ. ①增… Ⅱ. ①陈… Ⅲ. ①增值税—税收政策—影
响—企业管理—财务管理—研究—中国 Ⅳ.
①F812. 422②F279. 235

中国版本图书馆 CIP 数据核字（2020）第 090585 号

责任编辑 李煜萍 陈宇慧
责任印制 巢新强
封面设计 华子设计

出版发行 中国经济出版社
印 刷 者 北京建宏印刷有限公司
经 销 者 各地新华书店
开　　本 710mm×1000mm 1/16
印　　张 11. 75
字　　数 180 千字
版　　次 2020 年 12 月第 1 版
印　　次 2023 年 8 月第 2 次
定　　价 58. 00 元
广告经营许可证 京西工商广字第 8179 号

中国经济出版社 **网址** www. economyph. com **社址** 北京市东城区安定门外大街 58 号 **邮编** 100011
本版图书如存在印装质量问题，请与本社发行中心联系调换（联系电话：010-57512564）

摘要

从 2008 年到 2018 年，从“结构性减税”到“减税降费”，税制改革成为这十余年来经济领域改革的热点。本书以本轮税制改革的“先锋”——增值税转型改革为切入点，探索宏观经济政策与微观企业行为的互动机制及经济后果，为深入解读增值税转型改革的政策效应以及以此为基础进行的“营改增”“增值税简并”“减税降费”等系列政策变迁起到一定的铺垫作用。

2008 年爆发金融危机，从政府到企业各显其能应对危机：政府投资减税保稳定，企业降薪裁员谋生存，掀起了一场抵御危机的“全民运动”。其中，减税政策作为财政政策的重要组成部分，成为各国应对危机的重要手段，我国也不例外。2008 年底，我国中央经济工作会议明确提出“实行结构性减税”，并将其列为 2009 年财税工作的重点，其中增值税由生产型转为消费型在结束为期 5 年的试点后，从 2009 年 1 月起在全国范围内实施，成为结构性减税战略中的核心措施。

党的十八大报告指出，“经济体制改革的核心问题是处理好政府和市场的关系，必须更加尊重市场规律，更好发挥政府作用”；党的十九大报告也指出，“使市场在资源配置中起决定性作用，更好发挥政府作用”。税收，作为政府参与市场、参加社会生产活动最重要的途径之一，对宏观经济的运行以及微观企业的生产经营活动产生巨大影响。增值税作为我国第一大税种，其政策变迁的机制如何？会产生什么样的影响？本书从微观视角进行研究，以期达到以下目的：第一，寻找增值税转型对微观企业的财务行为及其经济后果产生影响的经验证据。验证增值税转型对企业融资约束、投资行为、冗员和绩效等多个层面产生积极作用。第二，探求增值税转型对企业产生影响的作用机理及相关路径。企业从财务状态、财务行为到经济后果是一个环环相扣的链条，增值税转型如何在价值转换的各个环节发挥作用，会发挥怎样的作用，是非常有价值的问题。第三，增值税转型对企业财务行为的影响及其经济后果的研究，为我国税制的进一步完善、建立更有效的企业财务决策机制提供理论依据。

本书分 3 大部分对所研究的问题进行剖析：

第 1 部分包含第 1—第 3 章内容，是全书的铺垫。第 1 章对本书的选题背景、选题意义、研究方法、研究思路等要素做了必要交代，界定相关的研究边界，明确全书的研究逻辑和主要内容。

第 2 章是制度背景分析。由于本书研究的内容与公共政策和制度变迁有关，有必要对相关的制度背景予以介绍。本章对增值税的起源和发展、国外增值税改革的实践经验以及我国增值税实施和完善的过程做了简要的回顾和分析，以便能更全面、深入地剖析增值税转型的影响，对本书的后续研究起到铺垫作用。

第 3 章是文献综述与理论分析。本章围绕本书的研究内容，对国内外的税收对企业的影响、融资约束、投资及企业冗员相关的研究成果做了简要的梳理和评述。既是回顾和总结前人的研究成果，也是为了在此基础上尽可能地提炼可借鉴的成果并找出其中的不足，进一步为本书研究定位，确定研究重点及可拓展的研究空间。同时，本章也对增值税转型对企业财务行为的影响机理做了相应的理论分析，为后续实证分析提供理论支撑。分析结果表明：第一，增值税转型能够通过影响企业现金流、折旧和利益相关者决策，缓解融资约束。第二，增值税转型能够利用收入效应、替代效应以及价格弹性的作用，促进企业投资。

第 2 部分是实证部分，理论分析的结果需要进一步从实证的角度进行验证，该部分涵盖了第 4—第 7 章的内容。其中第 4 章和第 5 章以增值税转型对财务行为的影响为研究落脚点，第 6 章和第 7 章着重检验增值税转型的经济后果。

第 4 章是增值税转型对企业融资约束影响的研究。本章在理论分析的基础上，运用 DID 分析法从实证的角度检验了增值税转型对融资约束的缓解作用。研究结果发现，增值税转型能有效缓解企业的融资约束，其政策效应逐年显现，并且因企业产权性质、高管金融背景以及地区市场化程度不同，政策发挥作用的效果也不同。国有企业的政策效应弱于非国有企业；高管具有金融背景更有利于政策效应的发挥；市场化程度越高，政策效果越好。

第 5 章是增值税转型对企业投资影响的研究。本书不仅检验了增值税转型对企业投资的促进作用，还结合产权特征和企业的融资约束情况对政策效应进行了更为深入的研究。实证结果表明，增值税转型虽然能从总体上显著提升企业的投资水平，但相对于国有企业而言，政策效应在非国有企业中体现得更为突出，融资约束程度较低的企业更有能力对政策导向做出积极的回应。

第 6 章是增值税转型对企业冗员影响的研究。本章从增值税转型对企业冗员的影响效果层面对政策的经济后果进行了检验。理论上，增值税转型可能会对企业冗员造成正负两个方面的影响。但最终哪种影响效果更强，理论上并不能得到肯定或否定的回答。实证结果表明，增值税转型对冗员的影响最终体现为减税给企业带来收入效应，从而缓解企业冗员，其中对国有企业的冗员和隐性失业的消化作用尤为明显。

第 7 章是增值税转型对企业绩效影响的研究。本章从增值税转型对企业绩效的影响效果层面对政策的经济后果进行了检验。研究表明，增值税转型能够显著提升企业的长期绩效，并且，其政策效应随企业的融资约束程度呈倒“U”形变化；当结合企业的行业技术特点进行考察时，研究发现高新技术产业的受益程度大于非高新技术产业。

第 3 部分是全书的总结，即第 8 章的内容。主要阐述了全书的研究结论、不足及展望。

本书的主要贡献和创新点如下：

第一，本书研究了增值税转型作用于企业财务行为的主要途径和内在机理。以企业的财务状态为研究起点，研究增值税政策变化带来的财务状态的改变以及对企业财务行为的影响及其经济后果。本书从融资约束的角度研究了增值税转型改革对企业财务活动产生的影响。从理论上分析了增值税转型对企业现金流、折旧和利益相关者产生的影响，检验了增值税转型对融资约束产生的缓解作用，并进一步细化和区分了增值税转型对内源融资约束和外源融资约束的影响差异；验证了国有企业相对于非国有企业对政策反应的迟钝。

第二，考虑到增值税政策所具有的公共政策特性，本书在增值税转型政策研究中引入了对滞后效应的考察，并且在对政策效应进行总体评价的基础上，将产权性质、高管背景、行业特性、市场化进程等因素纳入研究框架，对增值税转型政策对企业的影响进行了更立体、更多维度的考察。

第三，本书从企业冗员的角度考察了增值税改革的经济后果。与大多数基于财务报表数据对经济后果的研究成果相比，本书提供了一个全新的视角来衡量增值税转型对企业产生的经济后果。本书从经济学原理出发，分析了增值税转型对雇佣行为产生的收入效应和替代效应，由于理论上并不能确定方向相反的两种效应作用的大小，本书从实证角度确认了政策对企业冗员的缓解作用。

本书的研究存在以下三个方面的不足：第一，本书仅从融资约束、投资这条逻辑主线进行了研究，对经济后果的分析也仅考虑了企业冗员和企业绩效两个方面，研究内容还有待进一步丰富和完善。第二，本书在模型设计上选择了以 DID 分析法为基础进行拓展，研究方法还需进一步多样化。第三，从样本时间上看，为了排除后续“营改增”的影响，本研究选取的研究时间较短，可能会因为政策的作用还没有完全体现出来而使研究结论产生偏差。

正如斯蒂格利茨教授所说，“20 世纪的宏观经济学和微观经济学研究各自走在不同的道路上，21 世纪的经济学将是分久必合的时代”。如何将宏观经济因素纳入微观经济的研究范畴，从而更深入地揭示微观企业行为决策背后的宏观驱动力，是值得我们继续努力的研究方向。

目 录

图表目录

1 绪 论

1.1 研究背景

党的十八大报告指出，“经济体制改革的核心问题是处理好政府和市场的关系，必须更加尊重市场规律，更好发挥政府作用”；党的十九大报告也指出，“使市场在资源配置中起决定性作用，更好发挥政府作用”。税收，作为政府参与市场、参加社会生产活动最重要的途径之一，对宏观经济的运行以及微观企业的生产经营活动产生巨大影响。2008 年，由美国次贷危机引发的金融海啸席卷全球，各国纷纷出台了一系列应对措施，其中减税政策作为财政政策的重要组成部分成为各国应对危机的重要手段。2008 年 11 月，英国政府宣布了一项以减税为核心的经济刺激计划，从 2008 年 12 月 1 日至 2009 年底临时下调货物销售增值税 2.5 个百分点，降至 15%，当时预计这项临时减税措施将使消费者得到大约 120 亿英镑的好处①。俄罗斯政府决定 2009 年减税 5500 亿卢布，相当于俄罗斯国内生产总值的 1%②。巴西政府实施总额达 87 亿雷亚尔（约合 36 亿美元）的减税措施。越南政府削减公司所得税税率的 30%。③ 我国也不例外：2008 年底中央经济工作会议提出“实行结构性减

① 搜狐网：http：//business.sohu.com/20081217/n261269442.shtml。

② 新华网：http：//news.xinhuanet.com/fortune/2008-12/31/content_ 10585854.htm。

③ 《中国财经报》，2008 年 12 月 23 日第 006 版。

税”，并将其列为2009年财税工作的重点。作为结构性减税的“重头戏”，增值税由生产型转为消费型的改革，在结束了为期5年的试点后，于2009年1月起在全国范围内开始实施。

按照最优税收理论的观点，政府的政策目标决定了税制模式和税收政策的选择。表面上看，增值税转型的全面实施是政府为应对金融危机、防止经济下滑而推出的一系列“救火”措施之一，但其中更蕴含着降低企业税负、促进企业投资、优化产业结构、推动经济可持续增长的长期战略目标，长达5年呈阶梯形推进的试点工作就是最好的证明。然而，宏观经济政策要达到政策目标必须有一个实现途径——通过影响微观主体的经济行为，改变其产出，进而实现社会总产出的改变。事实上，我们在研究过程中往往忽略了这之间的逻辑和作用机理：宏观经济学跨过中间微观效应直接考察政策变化与宏观经济总量的关系；而微观经济学则通常以企业行为作为研究起点，忽略了背后所隐藏的影响企业行为的宏观因素。这种割裂会导致我们无法对现象做出更深层次的解释和分析，不利于认识微观企业行为的成因，也不利于我们对企业未来的经济行为及经济后果做出更为准确的判断和预测。

21世纪的经济学是分久必合的时代。一方面，宏观经济学正在寻求微观基础；另一方面，微观经济学也在试图从微观个体的行为推演出宏观总量层面的经济含义。本书正是从这个意义出发，利用增值税转型改革提供的自然实验，研究税收政策对企业财务行为的影响及其经济后果，从税收政策这个角度，在宏观经济政策如何作用于微观经济个体以实现政策目标方面做一些尝试。

从企业层面来看，由于现实中的市场总是不完美的，融资约束的存在会导致企业的投资偏离最优水平，企业的财务状态不仅影响着投资决策和投资水平，也影响着由此产生的经济后果。此外，在社会再生产理论中，与资本同等重要的另一生产要素是劳动。中国是世界上人口最多的发展中国家，也是劳动力资源最丰富的国家，劳动力的供给弹性相对较小。但长期以来由于生产力水平不够发达，冗员和隐性失业给企业造成的负担成为影响企业特别是国有企业发展的一大桎梏。有鉴于此，本书特意将企业冗员和隐性失业问题纳入研究框架，以增值税转型对融资约束的影响为研究起点，分析政策对企业投资行为产生的影响，最终以政策对企业冗员和企业绩效的影响为落脚点考察增值税转型政策的经济后果。

1.2 选题意义

税收问题是企业财务活动永恒的主题。任何企业的财务活动都必须置身于一定的宏观经济环境，其中税收环境、税收制度对企业的生产经营决策、财务决策乃至整个企业的战略决策都有不可小觑的重要影响。因此，税制的变化，同样影响着企业生产经营的方方面面。随着新一轮税制改革[①]有序推进，“减税降费”也在推动经济高质量发展的号角下吹响。作为新一轮税制改革的重要组成部分，也是后续“营改增”能够顺利实施的先行性改革——增值税由生产型转为消费型，对企业的融资约束、企业冗员、企业绩效会产生什么样的影响？发现和回答这些问题，无论在理论上还是在实践中都有重要意义。

1.2.1 理论意义

近年来，宏观经济与微观企业的互动研究领域，逐渐成为学者们关注的热点领域，因为这种互动关系的作用机理、传导机制和经济后果对宏观和微观两个层面都有非常重要的影响。税收搭建起了企业和政府的桥梁，连接起了宏观和微观两个领域，它既是宏观经济关注的对象，也是企业财务活动的重要方面，进而影响着利益相关者的财务关系。

现有与税收和企业财务行为相关的研究，大多集中在资本结构、投资规模、财务收益等方面，而对与投融资行为息息相关的融资约束和“人”的因素关注较少。此外，从增值税转型的相关研究成果来看，也大多集中在宏观

① 该说法是相对于1994年税制改革而言。2003年，党的十六届三中全会通过的《中共中央关于完善社会主义市场经济体制若干问题的决定》提出了本轮税制改革的原则和任务，其主要内容包括增值税转型、统一内外资企业所得税、统一城乡税制和改革出口退税制度。

领域。本书以增值税转型改革为切入点，研究其对企业融资约束、投资行为、企业冗员和绩效的影响，依据税收经济学、财务学的相关理论，从理论上分析和解释了增值税转型政策影响企业融资约束进而影响企业投资行为，最终得出企业冗员和绩效产生影响的可能性和现实性，并通过实证研究的方法提供了相应的经验证据。研究结论既在宏观经济与微观企业的互动研究方面做出了一定的尝试，也拓展了税收对企业影响的研究范畴，丰富了相关的文献。

1.2.2 现实意义

本书的研究结论同样具有广泛的实践意义。企业的生存和发展不仅是一个自我壮大的过程，也是一个不断调整自身行为以适应外部环境的过程。制度的变迁是社会经济发展过程中的必然现象。在制度变迁、宏观经济政策发生变革的过程中，企业结合自身所处的区域环境、行业特点、技术结构、产权特征、公司治理水平等实际情况，分析其中的利弊，合理调整自身的行为决策，在政策调整过程中把握机会促进自身的发展既是重要的也是必要的。

增值税转型对企业的融资约束、投资决策、企业的冗员负担及企业的长期绩效所产生的影响对企业的战略部署、投融资决策和人力资源配置有着重要的现实指导意义。企业在做相关决策时，应合理评估自身面临的融资约束程度，合理估计增值税转型的减税效应给企业带来的现金流、折旧等因素的变化，同时充分考虑利益相关者行为的相机抉择因素，保持合理的财务弹性，正确地引导投资、更新设备、促进企业技术，避免因融资约束和现金流短缺给企业带来不必要的损失。此外，由于增值税转型对劳动投入的影响会从收入效应和替代效应两个方面产生影响，企业如何平衡两种效应的得失，合理把控雇佣规模，避免或降低因冗员给企业带来的沉重负担，也是企业在努力提升绩效过程中必须重视的因素。

作为一项公共政策的改革，其实施效果如何，既是政策制定者关心的问题，也是理论研究者关注的焦点。过去的宏观经济政策评价大多从宏观总量的角度去衡量和制定政策，然而由于政策的微观效应直接关系到宏观效应的优劣，所以微观效应也是不应忽视的领域。因此，从政策评价的角度来看，本书的研究也具有一定的价值。此外，结构性减税和税收制度完善是一个长期的、持续的过程，对增值税转型政策效应的反馈，不仅能对政策的实施效果做出相应的评价，同时也能为后续的政策修订以及其他方面税收政策的调整提供一定的参考价值。

1.3 研究方法与研究思路

1.3.1 研究方法

本书主要采用比较研究与综合研究相结合、规范研究与实证研究相结合的研究方法。本书围绕增值税转型改革对企业行为及其经济后果的影响，在第3章从理论层面进行了合理的逻辑推理，回答了所研究的对象“应该是什么”的问题；第4—7章从实证的角度，结合具体问题在理论演绎的基础上，运用国际广泛采用的评价公共政策的DID分析法，对提出的假说进行了实证检验，回答了所研究的对象“实际是什么”的问题。此外，在实证检验的过程中，为了更全面、更细致地考察增值税转型政策的效果，本书在综合检验总体效果的前提下，还从多个维度比较了税制改革在不同情况下的效果差异及对企业的不同影响。

1.3.2 研究思路

本书研究的基本思路可以归结如下(如图1-1所示)：

宏观经济政策必须通过改变微观经济个体的行为，改变微观经济个体的经济产出，以实现宏观意义上的产出改变，从而实现政策目标。税收政策作为财政政策的重要组成部分，是宏观经济调控的重要手段。本书以增值税转型政策为切入点，首先从这个意义上总体把控研究内容、搭建研究框架。

企业的财务决策和财务行为总是依存于一定的财务状态，然而外部市场的不完美以及企业的异质性让企业的财务状态千差万别，由此影响着企业的行为决策及其经济后果，也影响着宏观经济政策的实施效果。特别是，在中国制度背景下，政府干预以及管理者的有限性又常使企业在劳动投入方面不能实现有效的配置，冗员和隐性失业成为拖累企业经济效益的重要因素。作为企业资源配置过程中的产物，企业冗员的状况体现着企业财务活动的出发点和归宿点。本书将企业冗员纳入增值税转型的经济后果的研究范畴。

因此，本书从增值税转型政策的变革出发，以政策变化对企业财务状态（融资约束）的影响为研究起点，考察其对企业财务行为（投资）的影响，进而考察增值税转型的经济后果：对企业冗员和绩效的影响。

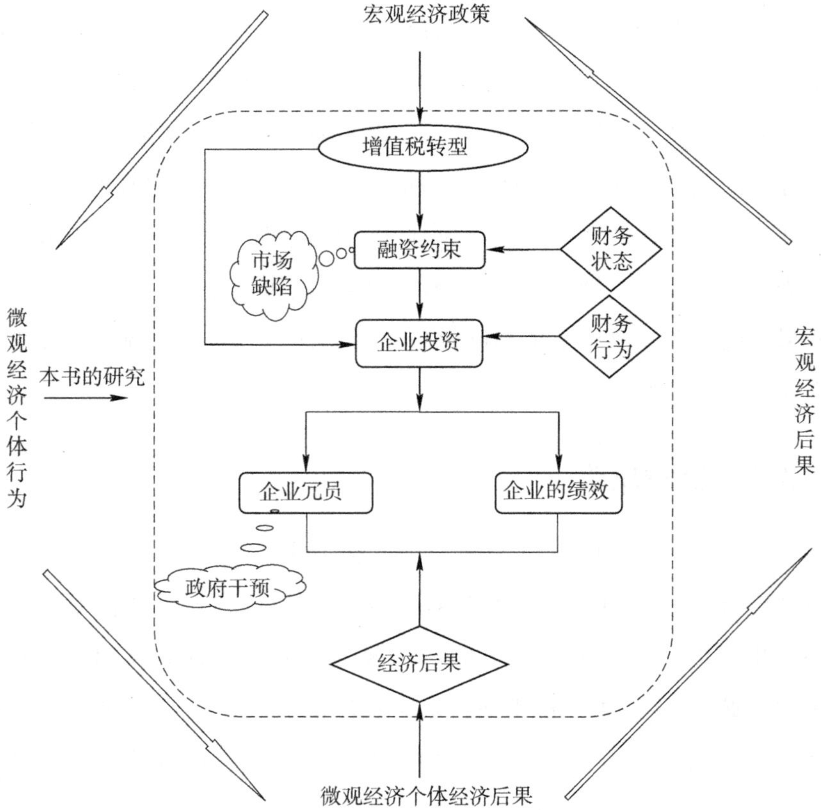

图 1-1　研究思路

1.4 本书的结构安排与创新

1.4.1 本书的结构安排

基于前述研究思路和研究方法，本书分为8个部分对所研究的问题展开论述：

第1章为绪论。本章主要介绍选题背景、研究意义、研究方法、研究思路以及文章的框架结构、创新点、关键概念的界定等，诠释了本书的研究意义，明确了全书的研究逻辑和主要内容。

第2章为增值税转型的制度背景。本书研究的内容与公共政策和制度变迁有关，因此，有必要对相关的制度背景予以介绍。本章主要对增值税的起源及其发展历程、国外增值税类型选择及其改革的实践经验、我国增值税实施和完善的过程做了简要的回顾和分析，以便更全面深入地剖析增值税转型的影响，对后续研究起到铺垫作用。

第3章为文献综述及理论分析。本章围绕研究内容，对国内外的税收对企业的影响、融资约束及企业冗员相关的研究成果做了简要的梳理和评述。既是回顾和总结前人的研究成果，也是在此基础上提炼可借鉴的成果并找出其中的不足，进一步为本书的研究定位，确定研究重点及可拓展的研究空间。同时，本章从税收经济学、投资理论、理财环境、政府干预等多个维度对增值税转型对企业的融资约束和投资行为产生影响的可能性和现实性进行了分析，剖析了可能的作用途径及产生的经济后果。既是从规范研究的角度对研究主题做出了相应的回答，也为后续章节的实证分析奠定了理论支撑。

第4章为增值税转型对企业融资约束的影响。本章在理论分析的基础上，从实证的角度解释和证明增值税转型对融资约束可能产生的影响，会产生什么样的影响？正面还是负面影响？对所有企业的影响程度一样吗？研究结果发现，增值税转型确实能明显地缓解企业的融资约束，并且在企业产权特征、高管背景和地区条件存在差异时，发挥作用的效果是不一样的。

第 5 章为增值税转型对企业投资的影响。本章针对增值税转型对企业投资产生的影响做了相应的实证分析。理论上，增值税转型对企业投资产生的影响可以通过收入效应、替代效应和价格弹性发挥作用，但理论上的推理最终需要通过实证加以验证。在实证过程中，本书不仅检验了增值税转型对企业投资的促进作用，还结合产权特征和企业的融资约束情况对政策效应进行了更为深入的研究。实证结果表明，增值税转型虽然总体上能显著提升企业的投资水平，但相对于国有企业而言，政策效应在非国企身上体现得更为突出；融资约束程度较低的企业更有能力对政策导向做出积极的回应。

第 6 章为增值税转型的经济后果：对企业冗员的影响。本章基于增值税转型政策对企业冗员的影响做了相应的实证分析，从理论上分析，增值税转型可能会对企业冗员造成正负两个方向的影响。但最终哪种影响效果更强，理论上并不能得出肯定或否定的回答。实证研究结果表明，增值税转型对冗员最终体现在减税给企业带来的收入效应上，进而对冗员产生缓解作用，其中对国企的冗员消化作用更为明显。

第 7 章为增值税转型的经济后果：对企业绩效的影响。本章是全书实证部分的最后一章。在前面 3 章分别从融资约束、投资和冗员的角度对增值税转型的微观效应得出肯定结论的基础上，本章从增值税转型对企业绩效的影响效果层面进行了的检验。增值税转型能否提高企业的长期绩效？行业差别、融资约束的差异对政策效果能否造成影响？如果能，造成什么样的影响？研究表明，增值税转型的确能够提升企业的长期绩效，并且高新技术产业和中等融资约束企业的受益程度最大。

第 8 章为研究结论、不足及展望。本章是全书的总结。在本章中我们回顾和总结了本书的主要研究结论，得出了相应的政策启示，提炼了主要贡献，指出了研究的局限和不足，最后展望了未来的研究空间和继续努力的方向。

1.4.2 本书可能的创新

（1）本书研究了增值税转型作用于企业财务行为的主要途径和内在机理。以企业的财务状态为研究起点，研究增值税政策变化带来的财务状态的改变，以及对企业财务行为的影响及其经济后果。本书从融资约束的角度研究了增值税转型改革对企业财务活动产生的影响。从理论上分析了增值税转型对企业现金流、折旧和利益相关者产生的影响，检验了增值税转型对融资约束产生的缓解作用，并进一步细化和区分了增值税转型对内源融资约束和外源融资约束的影响差异，验证了国有企业相对于非国有企业对政策反应的迟钝。

（2）考虑到增值税政策所具有的公共政策特性，本书在增值税转型政策研究中引入了对滞后效应的考察，并且在对政策效应进行总体评价的基础上，将产权性质、高管背景、行业特性、市场化进程等因素纳入研究框架，对增值税转型政策对企业的影响进行了更立体、更多维度的考察。

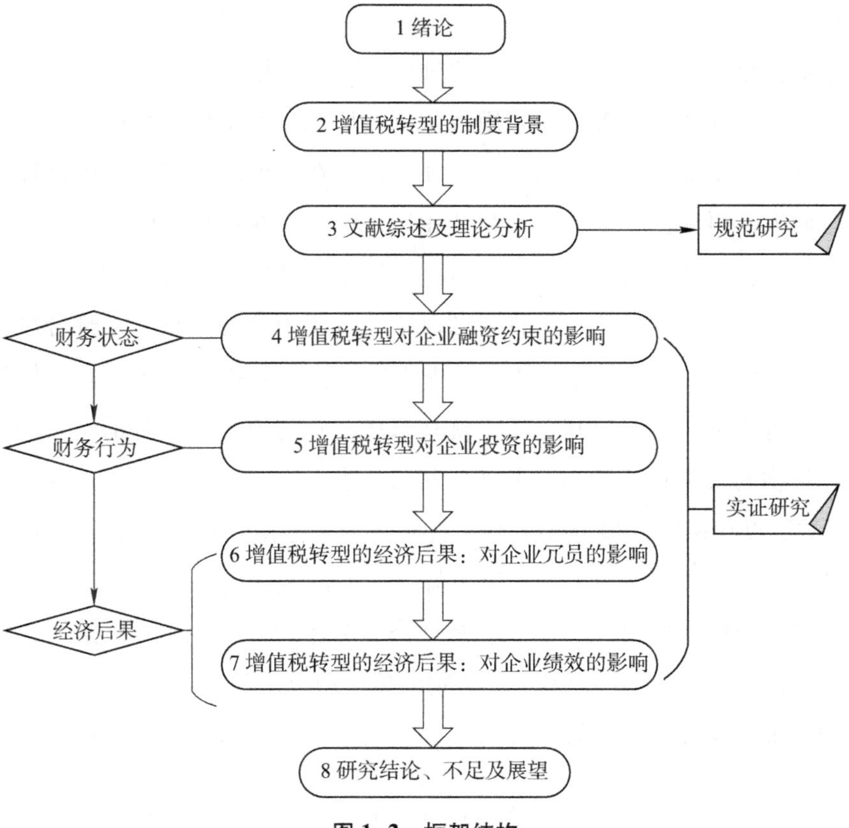

图 1-2　框架结构

(3) 本书从企业冗员的角度考察了增值税转型改革的经济后果。与大多数基于财务报表数据对经济后果的研究成果相比，本书提供了一个新的视角来衡量增值税转型对企业产生的经济后果。本书从经济学原理出发，分析了增值税转型对雇佣行为产生的收入效应和替代效应，由于理论上并不能确定方向相反的两种效应作用的大小，本书从实证角度确认了政策对企业冗员的缓解作用。

1.5 相关概念的界定

1.5.1 增值税转型

1.5.1.1 增值税的概念

增值税是以单位和个人生产经营过程中取得的增值额为课税对象征收的一种流转税。在征收实务中，采用税款抵扣原则，在本环节只就收入中在整个流转环节中未征过税的那部分收入征税，而在之前的流转环节中已征税的那部分收入不再征税。由于经税款抵扣后，纳税人在本环节的计税收入相当于在此环节新创造的价值，因此，对这种增值额征收的税称为增值税。具体到我国的情况，2012 年 1 月 1 日“营改增”在上海交通运输业及部分现代服务业试点之前，“增值税是对我国境内销售货物或者提供加工、修理修配劳务，以及进口货物的单位和个人，就其取得的货物或应税劳务的销售额，以及进口货物的金额计算税款，并实行税款抵扣制度的一种流转税”①。通过 4 年多的试点与探索，2016 年 5 月 1 日起，“营改增”全国全行业推开试点，我国营业税完成了其使命，退出历史舞台。增值税纳税人修改为“在中华人民共和国境内销售货物或者加工、修理修配劳务(以下简称‘劳务’)，销售服务、无形资产、不动产以及进口货物的单位和个人”②。

增值税的课税对象增值额分为理论增值额和法定增值额。理论增值额指

① 许正中，张孝德．税收经济学［M］．北京：国家行政学院出版社，2005：63.

② 2017 年 11 月 19 日颁布中华人民共和国国务院令第 691 号《国务院关于废止〈中华人民共和国营业税暂行条例〉和修改〈中华人民共和国增值税暂行条例〉的决定》。

按照马克思的商品价值理论，(C+V+M)①中包括工资、利润、利息、租金等其他增值性的费用的(V+M)部分。理论上，增值额是企业在生产经营过程中创造的那部分新价值(V+M)，那么，商品价值中凡是属于生产资料的转移价值(C)的部分，都应该视为扣除项目。而在实践过程中，增值税实际的实施是以法定增值额作为征税对象的，各国对此的界定却不太一致。也就是说，法定增值额相对理论增值额是有差别的。

1.5.1.2 增值税转型

依据法定增值额对计税依据界定的差异，增值税分为生产型、收入型和消费型三类：

第一类是生产型增值税。我国在2009年以前实行的即属于此种类型。该类型在计算增值税时，不允许将外购固定资产的价款，包括折旧，从商品或劳务的销售额中抵扣。其增值额的计算公式为：

增值额=销售收入-外购商品及劳务支出

这种类型的增值税对课税对象增值额的计算口径相当于国民生产总值，因此称为生产型增值税。可以看出，此种增值税的税基超过了理论上的增值额的范畴，存在重复征税的因素。

第二类是收入型增值税。该类型在计算增值税时，允许将当期的固定资产折旧从商品和劳务的销售额中予以扣除。其增值额计算公式为：

增值额=销售收入-外购商品及劳务支出-折旧

这种类型的增值税对课税对象增值额的计算口径相当于国民生产净值，因此称为收入型增值税。因其税基与理论上的增值税一致，该类增值税被称为标准的增值税。但由于固定资产价值的损耗和转移是一个持续的过程，不仅在税额计算上会出现困难，在转移过程中凭据无法取得，也不利于发票扣税法的实施，这种情况导致收入型增值税无法得到普遍的推广应用。

第三类是消费型增值税。该类型在计算增值税时，允许将当期购进固定

① C为生产资料转移价值；V是活劳动创造的新价值用于补偿活劳动消耗的价值；M是活劳动创造的新价值超过补偿活劳动消耗价值而形成的剩余价值。

资产的全部价值从商品和劳务的销售额中予以扣除。其增值额计算公式为：

增值额=销售收入-外购商品及劳务支出-当期购进固定资产

由于这种类型的增值税不再对资本投入品课税，而只对消费品课税，因此称为消费型增值税。可以看到，消费型增值税的税基实际上小于理论上的增值额。但因其计算简便，便于发票扣税法的实施，相对而言也是一种较为先进的增值税类型，目前已被世界各国广泛采用。

本书所指的增值税转型是依据 2008 年 11 月通过的《中华人民共和国增值税暂行条例》修订草案，增值税由生产型增值税转为消费型增值税。

1.5.2 融资约束

融资约束(Financing Constraints)理论的产生源于投资理论的发展和完善。在早期投资理论①中，均假设外部资本市场是完美的，内源资金和外源资金是可以完全替代的。因此，投资行为仅决定于投资机会、资金的使用成本等实质性要素，而与企业的外部环境、融资方式和治理机制等因素无关。随着 20 世纪 70 年代信息不对称理论的兴起，之前的假设被不断放松。由于信息不对称、道德风险和逆向选择的存在，导致企业各种融资方式不能完全替代，由此提出了融资约束问题。到目前为止，理论上还没有对融资约束有一个整齐划一的定义，本书在梳理相关文献的基础上，将所研究的融资约束界定为：由于资金市场不完美，外部融资成本高于内部融资成本，内外部资金不能相互替代，进而使企业投资决策和投资行为受到限制的现象。

1.5.3 企业冗员

关于就业中的冗员和隐性失业(Disguised Unemployment)问题，国外最早的研究来自 Robinson (1936)。其研究认为，经济一旦从以自给自足为主转向以专业化和分工为主，部分工人会由于失业而不得不从事低于自身技能的工作，这种情况会导致从事较差工作的生产率低于他们原来所从事工作的生产

① 以新古典投资理论、Q 投资理论、加速器投资理论为代表。

率，于是便产生了隐性失业即冗员现象。现有研究中关于冗员、隐性失业、剩余劳动力、零劳动边际生产率等概念并不统一，研究者们根据各自的研究目的给出了相关定义。Takagi（1978）对这几个概念做了比较详细的区分。他认为零劳动边际生产率是导致剩余劳动力（Surplus Labour）的原因之一，而剩余劳动力则是隐性失业问题在约束条件下的一种情形。结合本书的研究目的，借鉴简新华、余江（2007）对冗员的定义，本书将冗员界定为由于企业的资源不合理配置产生的劳动边际生产率为零的现象。

2　增值税转型的制度背景

2.1　增值税的起源与发展

2.1.1　增值税的起源

增值税的概念最早由美国学者 Adams 在 1917 年发表的《商业税》一文中提出。他认为，营业毛利从会计上看就是工资、利息、租金和利润的总和，正好等于计算国民收入价值增加的部分。1921 年，Adams 又提出以税款抵扣制度为核心思想的增值税简便计算方法，即企业可以从应纳的销项税额中扣除在购买商品时已经支付的税收，并试图用其取代公司所得税。这时的营业毛利已初具增值税的雏形。同年，德国企业家西门子正式提出增值税的名称，详细阐述了税制的相关内容，并建议以增值税替代多阶段课征的一般销售税。

1954 年，法国在世界上首次正式采用增值税并取得成功。在此之前，有一些类似增值税性质的税制改革在一些国家试行过，但并未取得成功。法国的增值税前身为营业税，该税种的基本特点是每道环节都要征税，并且每次都按销售收入全额课征，造成了重复征收，这不仅加重了企业的税负，而且引起税负难以预测、进口征税额、出口退税额的计算十分困难等一系列问题。为了消除这些影响，法国政府对营业税进行改革，最初的改革内容是对原有的工业生产环节的营业税，由原来的每个生产环节都征税改为只在最后产成品阶段征税。实践证明，这种改革方式并没有从根本上解决问题，这使他们认识到了营业税弊端产生的根源在于每道环节全额征税。为此，法国政府规定对企业征税时准予扣除生产过程中购进的货物价款，从而既消除了营业税的弊端，又保留了原有“道道课征”的优点，开始具有增值税的内涵。

1954 年，法国政府进一步完善了最初的增值税征收办法，开始采用进项税款抵扣的制度并扩大了抵扣范围，对批发商和制造商在生产经营过程中使用的一切投入物品予以全额扣除。1963 年，法国政府开始将增值税的征收环节扩大到了商品零售环节。1968 年，法国增值税的课征范围涵盖了所有货物和劳务的销售收入。

鉴于法国增值税成功实施的经验，从 20 世纪 70 年代开始，增值税制度开始在全世界范围内推广，并且在一些国家成为主要税种。目前，包括绝大多数发达国家和发展中国家在内，有 100 多个国家和地区实行了增值税。OECD 组织①的 30 多个成员国基本上都实施了增值税制。在由计划经济体制向市场经济转型的国家中，以增值税取代传统的销售税已经成为一种普遍的趋势。增值税在我国于1983 年1 月起开始试行，到1994 年税制改革，我国已将全部工业性加工、工业品、修理修配和商品零售、批发纳入征收增值税，并且简化和规范了税率与征税方法。随后，增值税与消费税、营业税相配合构成我国流转税新体系，并成为流转税体系中的主要税种。目前，随着“营改增”的全面推行，增值税已全面取代营业税，实现了增值税全行业覆盖。

随着经济全球化及区域经济组织的发展，增值税已成为经济合作的一个重要因素。欧共体②国家曾将增值税作为均衡税负、提升工业化进程、促进生产力发展的重要手段。1962 年，欧共体财政金融委员会颁布建议书，建议其

---

① 经济合作与发展组织(Organization for Economic Co-operation and Development，OECD)，简称经合组织，成立于1961 年，目前成员国总数34 个，总部设在巴黎。OECD 是由 30 多个市场经济国家组成的政府间国际经济组织，旨在共同应对全球化带来的经济、社会和政府治理等方面的挑战，并把握全球化带来的机遇。

② 欧盟前身，是指欧洲煤钢共同体、欧洲原子能共同体和欧洲经济共同体的总称，又称欧洲共同市场，简称欧共体(European Communities)。它是西欧国家推行欧洲经济、政治一体化，并具有一定超国家机制和职能的国际组织。

成员国实施增值税。1973 年，在意大利实施增值税以后，欧共体最初的成员国全部完成了增值税过渡，并要求加入欧共体的国家必须实行增值税。1982 年，欧共体将完成内部统一市场的建设作为推进一体化进程的首要目标，消除一切税收边界和有形的技术边界，在成员国之间实现人员、资本、商品及服务真正的自由流通。1993 年，欧洲统一大市场形成。欧盟在税收协调方面，尤其在协调增值税方面，伴随着欧盟一体化进程的不断推进，也取得了巨大进展。欧盟通过一系列指令的颁布，逐步完成了成员国商品课税制度的统一，统一实施消费型增值税并协调其相关税率。

2.1.2 增值税的优点

著名增值税研究专家艾伦·A. 泰特曾指出："增值税的兴起堪称税收史上的一绝，没有别的任何税种能像增值税那样，在短短 30 年左右的时间内，从理论到实践横扫世界，使许多原来对其抱有怀疑态度的学者们回心转意，使不少本来将其拒之门外的国家改弦更张。"① 增值税之所以能够在较短的时间内在世界众多国家得到推广，是因为增值税较其他间接税具有独特的优越性。

（1）对经济活动的适应性较强。增值税最大的特点在于征收时使用了税款抵扣制度，准许纳税人在征税时，抵扣购买环节已支付的增值税税款。这使得同一商品或劳务的最终税负不会受流转环节过多的影响，具有一致性。增值税所具备的这种中性的特性，不会由于征税对纳税人及消费者的行为选择产生影响，能较好地适应经济发展的需要。

（2）收入弹性较好。税收的收入弹性通常是指税收收入的变化与经济发展水平变化之间的内在关系。税种税收弹性的优劣体现在该税种所产生的税收收入与经济发展水平之间关系的密切程度以及对经济发展的适应能力。增值税由于其中性特征能较好地适应经济发展的需要，并且其产生的收入与国民收入之间的关系也相对稳定，可以在经济繁荣期取得相对较多的税收收入，而在经济下滑期促进经济恢复。

---

① 朱文忠．税务博览［M］．北京：中国税务出版社，1995：167.

(3) 具有内在的自我控制机制。增值税实行税款扣抵制度的重要保障即增值税的发票管理机制。在实务操作中，能否提供购买环节支付增值税的有效凭证决定了纳税人能否获取抵扣权。这种环环相扣的作用机理在纳税人之间建立了一种利益制约机制，使增值税能够产生自我控制的能力。国家可以通过对增值税发票的控制和管理监督来强化这种自我控制机制。

(4) 提高本国商品与劳务参与国际竞争的公平性。对增值税的应税商品和劳务而言，其最终税负体现在增值税的税率上。因此，为了让本国商品和劳务更好地参与国际竞争，在实践中各国通常对出口商品和劳务均适用零税率，使出口商品或劳务能够以不含税的价格参与竞争。这样能保证出口商品和劳务在进口国对出口商品和劳务课税的情况下，其税负既不会高于进口国同类商品或劳务的税负，也不会高于本国同类商品或劳务的税负，保证了税收待遇的一致性，促进了竞争的公平性。

(5) 对经济活动的调节具有“中性”效应。所谓税收中性，是指所运用的税收工具对微观主体的经营行为影响较小，甚至为零。增值税的税收中性主要体现在以下两个方面：一是增值税通过税收抵扣制度，只对商品在本环节的增值额课税，同一应税商品的税负不受流转环节多少的影响。二是实行等比负担，对绝大多数商品和劳务采用同一比例税率。因此，其对经济活动调节的中性效应对生产者和消费者的行为决策均不会产生影响，简言之，不会扭曲生产和消费，有利于发挥市场机制对资源配置的主导作用。

2.2 国际增值税实践的经验

增值税分为生产型、消费型和收入型，因此，如何对增值税类型进行选择成为实施增值税时必须面临和考虑的问题。理论和现实均证明，选择何种类型的增值税取决于一个国家的政治、经济、历史等诸多因素。陆杨(2000)、刘艳伟(2009)根据世界货币基金组织(IMF)、OECD、世界银行以及国际财政文献局(IBFD)提供的增值税各国资料以及按经济组织和大洲为单位的综合分析报告，对国外增值税类型选择和实施做了较为全面的总结。

（1）美洲。在美洲，巴西最早实施增值税。拉丁美洲国家财政收入压力普遍较大，增值税收入稳定的特性使其在拉美各国得到普遍的推广和实施。由于消费型增值税要完全取消对资本的征税，减收的压力迫使拉美大多数国家选择了收入型增值税，其中阿根廷执行得最为坚决。但在1997年，考虑到经济的长远发展，阿根廷仍将增值税由收入型转为消费型。1998年增值税成为阿根廷第一大税种，增值税收入占联邦（中央）税收收入370亿美元的61.08%，占GDP 3210亿美元的7.04%①。除洪都拉斯、海地、多米尼加实行收入型增值税外，其他美洲国家全部实行消费型增值税。

（2）欧洲。欧共体国家理事会1967—1986年连续发布了21条指令协调成员国增值税，成为欧共体成员国实施增值税的法律框架。其主要内容包括：实行税收一体化，协调流转税立法，取消积累性的多环节税制，所有成员国都采用共同的增值税税制。建筑安装、交通运输、洗衣店、美容店、宾馆与饭店、娱乐、电信等均纳入增值税征收领域。指令规定资本性货物可以进行抵扣，但考虑到周期性因素，成员国协商采取部分或全部货物、固定资产不允许抵扣的方法。此外，考虑到在实行消费型增值税之前，各国均对资本予以征税，转型改革带来的税收收入减少会增加各国的财政压力。因此，指令允许成员国采取不同的过渡性和临时性措施分阶段实施。比利时采用对固定资产实施低税率不完全抵扣的措施，花费10年时间来化解资本抵扣对财政收入产生的压力。瑞典不仅采用了低税率抵扣政策，还不允许抵扣商品的购置价值中属于国家补贴部分或可以利用的投资基金部分。欧共体各成员国基本经过了6~10年的过渡期才完全过渡到较宽领域的消费型增值税。爱沙尼亚、立陶宛、匈牙利、斯洛文尼亚和拉脱维亚采用的是收入型增值税，对固定资产投资实行5~10年分期抵扣的政策，其实质与欧共体过渡期税率抵扣的政策是等价的。

（3）亚洲和大洋洲。1977—1986年，韩国、菲律宾、土耳其、以色列、印度尼西亚、中国、印度等国相继实行了增值税。印度尼西亚名义上实行的

① 陆杨．增值税类型选择的国际实践［N］．中国税务报，2000-07-20(3)．

是消费型增值税，实质上实施的却是生产型增值税。该国在增值税税法条文中规定实行消费型增值税，资本性货物的增值税进项税额可以抵扣销项税额。但同时，该国税法的附加条款中又规定，为了避免资本性货物的进项税额抵扣对政府财政收入产生负面影响，无限期地暂停企业购进资本性货物的进项税额抵扣，所以事实上其资本性货物的进项税额是无法进行抵扣的。土耳其选择实施收入型增值税，其他亚洲和大洋洲国家均选择消费型增值税。

（4）非洲。非洲除摩洛哥选择实施收入型增值税，塞内加尔实施生产型增值税之外，其他国家均实行消费型增值税。而摩洛哥政府一直在考虑是否进行增值税转型改革。

以上国际增值税实践的经验表明，消费型增值税是世界增值税税制实施的主要类型。依据 IMF 1999 年的统计资料，在世界 110 多个实施增值税的国家中，仅有 10%左右的国家采用非消费型增值税（陆杨，2000），消费型增值税符合各国经济发展和财政收入的需要。经济全球化和世界大市场的形成和发展要求统一的流转税体系，由于生产型增值税和收入型增值税采取起点征税的原则，产品若以含税价进入国际市场，会逐渐丧失出口份额，降低其国际竞争力，对出口和对外贸易有着强烈的负面作用，而消费型增值税则以终点征税原则适应了这种国际化的要求。

2.3 我国增值税改革和发展历程

2.3.1 建立增值税税制阶段（1979—1993 年）

改革开放以前，我国实行的是高度集中的计划经济体制，对国营企业的利润进行统管，实行统收统支。中共十一届三中全会后，我国经济体制、企业的生存环境发生了翻天覆地的变化，原来的税收体制已不能适应经济发展的需要。1978—1991 年，我国税制改革从建立涉外税收制度开始，推进到国营企业“利改税”和工商税制的全面改革，改革新增了一些税种，其中就包含增值税。上海首先被列为增值税试点地区，试点范围包括农业机具和机器机械等重复征税较为严重的行业。由于试点效果显著，1982 年财政部颁布了《增值税暂行办法》，规定在全国范围对机器农用机具、机械、电风扇、自行车等行业试行增值税。1984 年，在对工商税制的全面改革中，将原有的工商税划分为增值税、产品税、盐税和营业税，国务院颁布了《中华人民共和国增值税条例(草案)》，增值税由此成为一个独立的税种。1987 年，为了完善增值税的计税方法，使其更加统一和简化，财政部颁布了《关于完善增值税征税办法的若干规定》。经过多次调整，我国增值税课征范围逐渐扩大，计税方式也在逐步规范，在消除重复征税以及增加财政收入方面发挥了重要作用。

由于 1984 年正式建立的增值税税制是从原来的产品税中分裂出来的，而产品税的主要特点是实行价内税和产品差别税率。① 为了保证增值税的改革能够顺利推进，我国要求在对以产品税为中心的传统流转税制进行改革时：一方面，必须保证企业不能因为税制改革而增加税负或使税负增加过快；另一方面，财政收入不能出现太大的波动。以上原因对刚刚实行改革开放的中国有着特别重要的意义。因此，在 1984 年税制改革时，所谓增值税还未能实现完全意义上的增值税，而更像是介于产品税和增值税之间的一个税种。但是，实践证明，这种模式对于我国当时的社会经济状况来说却是正确的选择，它打破了计划经济体制下统收统支的分配格局，基本上适应了当时的经济发展和经济体制改革的需要。在以后相当长的一段时间内，为稳定我国的投资环境和税收收入发挥了不可估量的重要作用。

可以看到，在这个阶段我国增值税的课征方式是在多重约束下的选择，仍然具有浓郁的试点性质，其优点未能得到充分体现；在课税对象和征收环节方面，实行增值税和产品税互不交叉的原则，仅仅针对部分工业产品在生产环节征收，还未完全体现出税收中性、普遍征收以及简化原则，税率档次也受到财政体制和征收范围等因素的限制，导致计算复杂，扭曲了增值税的性质和功能。

---

① 产品税是以生产、进口或采购的特定产品为征税对象，对其流转额征收的一种税。采取价内税的方式，实行产品差别比例税率，以产品销售收入为计征依据。1949 年中华人民共和国成立后，先后实行过的货物税、商品流通税、棉纱统销税皆属于产品税。1993 年《中华人民共和国增值税暂行条例》的颁布，标志着产品税退出历史舞台。

这个阶段的增值税距离国际规范化的增值税还有相当长的路要走。

2.3.2 生产型增值税的发展及消费型增值税的试点阶段(1994—2008年)

在我国特定经济环境下建立起来的增值税税制，在建立之初并未实现完全意义上的增值税，仍存在很多需要完善的地方，随着改革开放和市场化进程的推进，其越来越显示出与社会主义市场经济发展不吻合的地方。为更加充分地发挥增值税在组织财政收入、促进公平竞争、公平税负及宏观调控中的作用，1993年12月，《中华人民共和国增值税暂行条例》《中华人民共和国增值税暂行条例实施细则》和《增值税专用发票使用规定(试行)》颁布，三者均于1994年1月1日起实施，这对我国的税制改革有着里程碑式的意义。这次税制改革采用了生产型增值税，征税地区扩展到了全国，征税范围也覆盖产品生产、批发、零售、进口四个环节以及劳务中的加工和修理修配，增值税由此成为流转税和整个税制体系中的主要税种。新增值税基本税率为17%，低税率为13%。在计税方式上也遵循国际通行的方法，实行税款抵扣，即依据企业销售商品或劳务的销售额和规定税率计算出销项税额，然后扣除获取该商品或劳务时已支付的增值税进项税额，二者之差即为应缴增值税额。

在这次税制改革中，我国之所以选择生产型增值税，而没有选择大多数国家实行的消费型增值税，是基于我国当时的特定现实条件和经济环境考虑的。

从宏观经济环境来看，20世纪90年代初，我国固定资产投资过度膨胀，通胀水平不断攀升，经济出现过热的现象，因此当时国家宏观调控的重要目标即控制过度投资，抑制通货膨胀。在这种背景下，在增值税类型的选择问题上采用生产型增值税也是基于客观环境的现实选择。生产型增值税固定资产购进的进项税额不能抵扣，虽然会存在重复征税的现象，但由于固定资产投资的成本增加，客观上起到了抑制固定资产投资行为的作用。

从增加国家财政收入、增强宏观调控能力的需要来看，改革开放后，财政赤字增幅加剧，财政收入占GDP的比重持续下滑，从1979年的31%下降到1993年的13%；中央财政收入占全国财政收入的比重也在不断降低和下滑，到 1993 年，中央财政收入占全国财政收入的比重仅为 33.7%。[①] 因此，在 1994 年的税制改革中，重要目标之一即增加中央财政收入、增强中央宏观调控的能力，分税制及生产型增值税的实施都是为此目标服务的。在增值税的三种类型中，生产型增值税的收入效应最大，增收效果最好。因此，生产型增值税的选择也是为了实现增加中央财政收入这一目标。

生产型增值税也是基于当时税收征管水平约束条件下的选择。20 世纪 90 年代初期，我国虽然对征管体制进行了一系列改革，但征管水平仍比较低下，硬件、软件设施的配套滞后，征管模式相对落后。在征管手段方面，基本上仍以手工征收为主要方式，主要应用于内部的会计信息系统未涉及征管信息的监控，无法对企业经济信息实施充分的监控。此外，企业规模小、数量多、会计核算体系不健全，纳税人纳税意识和法律意识的缺乏，也给征管增加了一定的难度。所以，基于当时的税收征管水平和生产型增值税对征管水平要求较低的特点，选择生产型增值税，也是符合客观情况的。

随着市场经济的不断发展和壮大，生产型增值税重复征税、抑制企业扩张规模和阻碍技术进步的弊端逐渐显露，增值税改革的呼声越来越高。2003 年，党的十六届三中全会审议通过的《中共中央关于完善社会主义市场经济体制若干问题的决定》，提出了包括增值税转型、统一内外资企业所得税税率、完善出口退税政策等继 1994 年税制改革后新一轮税制改革的主要内容及改革方向。国家“十一五”规划也明确提出，2006—2010 年，增值税将在全国范围内实现由生产型转为消费型。

2003 年，《关于实施东北地区等老工业基地振兴战略的若干意见》规定，允许东北地区部分行业购进固定资产进项税进行抵扣；2004 年，《东北地区扩大增值税抵扣范围若干问题的规定》进一步扩大试点范围；2007 年，《中部地区扩大增值税抵扣范围暂行办法》将试点范围扩大到中部地区六省的部分城市和行业。

---

① 王建聪．我国增值税改革回顾与发展研究［J］．沈阳工程学院学报（社会科学版），2011，7（2）：218-221.

2.3.3 消费型增值税全面启动及“营改增”的实施(2009年至今)

从1994年起，生产型增值税已执行超过十年，这十多年的改革开放和社会主义市场经济的建设已经使我国的经济大环境发生了翻天覆地的变化。1994年税制改革后，国家财政收入逐年增加，分税制的实施也促使财力向中央集中，中央宏观调控能力得到大幅提升，国家财政水平在短期内完全可以承受增值税转型所带来的税收收入减少的压力。从长期来看，消费型增值税通过推动企业设备更新改造、鼓励企业增加投资、促进产业结构优化使企业具备更强的纳税能力，使税基得以扩大，能够更持续地增加财政收入。

消费型增值税的税款抵扣业务相对生产型增值税更为复杂，对征管水平也提出了更高的要求。它需要征管部门对企业的相关信息具有充分的监控能力，要求能够对商品流转的全部环节进行全程管理。十年来税收制度的完善，征管力度的加强，信息网络的应用，特别是金税工程以及税收征管信息系统(CTAIS)的开发和应用，显著地提升了我国的税收征管水平，在技术和征管方面为实施消费型增值税提供了保证。

从2004年起，为期五年的试点工作也为增值税全面转型积累了丰富的经验，生产型增值税已完成其过渡性的历史使命，增值税实现全面改革已成必然。2008年11月5日，《中华人民共和国增值税暂行条例》的修订草案由国务院常务会议审议通过，草案决定从2009年1月1日起，在全国范围内全面实施消费型增值税。此次改革方案的主要内容包括：不分地区和行业，在维持现行增值税税率不变的前提下，全国范围内所有的增值税一般纳税人可以将其新购设备所含的进项税额抵扣销项税额，并且本期未抵扣完的税额可以结转下期继续抵扣。为了防止税收漏洞，允许抵扣的范围中不含与企业技术更新无关且容易混淆为个人消费的应征消费税的小汽车、摩托车和游艇①。同

① 《交通运输业和部分现代服务业营业税改征增值税试点有关事项的规定》（财税〔2013〕37号）规定，从2013年8月1日起，原增值税一般纳税人自用的应征消费税的摩托车、汽车、游艇，其进项税额准予从销项税额中抵扣。

时，作为改革的配套措施，将小规模纳税人征收率统一调低至 3%，将矿产品增值税税率恢复到 17%，取消了外商投资企业采购国产设备增值税退税政策和进口设备增值税免税政策。

2009 年 1 月 1 日起，增值税在全国范围内由生产型全面转为消费型，很大程度上消除了 1994 年税改的遗留问题，但由于不动产外购的抵扣、服务业及大部分劳务游离于增值税链条之外造成的重复征税、增值税链条不完整的问题仍然存在。在增值税转型的基础上，进一步扩围改革势在必行，增值税的扩围改革按行业扩围和地区扩围两条主线推进。2011 年 11 月，《财政部 国家税务总局〈关于印发营业税改征增值税试点方案〉的通知》（财税〔2011〕110 号）、《关于在上海市开展交通运输业和部分现代服务业营业税改征增值税试点的通知》（财税〔2011〕111 号）颁布，由此“营改增”改革正式拉开序幕。2012 年 1 月 1 日起，在上海运输业和部分现代服务业开展“营改增”试点；2012 年 8 月 1 日至年底，试点扩大至北京、江苏、安徽等 8 个省(市)。2013 年 8 月 1 日起，部分行业开始在全国试点，广播影视行业纳入试点；2014 年 1 月 1 日起，铁路运输业和邮政业纳入试点；2014 年 6 月 1 日起，电信业全国范围内试点；2016 年 3 月，《财政部 国家税务总局〈关于全面推开营业税改征增值税试点〉的通知》（财税〔2016〕36 号）发布，从 2016 年 5 月 1 日起，建筑业、房地产业、金融业、生活服务业纳入“营改增”试点，“营改增”全国全行业覆盖完成。2017 年 11 月，《国务院关于废止〈中华人民共和国营业税暂行条例〉和修改〈中华人民共和国增值税暂行条例〉的决定》（中华人民共和国国务院令第 691 号）颁布，这意味着营业税在我国结束历史使命，退出历史舞台。增值税转型与“营改增”两项改革的协同作用，解决了长期以来我国增值税链条不完整，进项税抵扣不畅通的问题。从此，我国增值税的进程翻开了全新的一页。

理论及实证研究表明，税制复杂、多档税率会影响增值税税收中性效应的发挥，增加征收成本，显著降低税收效率。在“营改增”完成的基础上，2017 年 4 月，《财政部 税务总局关于简并增值税税率有关政策的通知》（财税〔2017〕37 号）发布，从 2017 年 7 月 1 日起，增值税税率由四档减至 17%、

11%和6%三档，将农产品和天然气等增值税税率从13%降至11%。在“减税降费”的战略驱动下，2018年4月，《财政部 税务总局关于调整增值税税率的通知》再次调低税率，从2018年5月1日起，将原适用17%和11%的税率分别调整为16%、10%；购进用于生产销售或委托加工16%的税率货物的农产品，按照12%的扣除率计算进项税额。2019年3月20日，《财政部 税务总局 海关总署关于深化增值税改革有关政策的公告》（财政部 税务总局海关总署公告2019年第39号）规定，自2019年4月1日起，增值税一般纳税人发生增值税应税销售行为或者进口货物，原适用16%税率的，税率调整为13%；原适用10%税率的，税率调整为9%。至此，增值税基本税率共有4档，分别为13%、9%、6%和0税率。

税制的完善是与经济运行不断磨合、相互作用、不断完善的动态过程，增值税税制的完善也将在国家高质量发展的战略指引下继续推进。本书定位于增值税转型改革，旨在从微观视角触摸这轮税制改革最初阶段的模样，为更好地理解后续改革及企业行为奠定基础。

3 文献综述及理论分析

3.1 宏观经济影响微观企业财务行为的文献回顾

企业的生存和发展依托于一定的宏观经济环境中，其生产经营、财务决策以及产生的经济后果不可避免地受到宏观经济波动、政策调控的影响。然而，宏观经济学和微观经济学的研究往往各自走在不同的道路上，学术研究对宏观经济与微观企业的互动关系和传导机制的研究非常有限，并未引起充分的关注。

姜国华、饶品贵(2011)比较全面地总结和分析了宏观、微观经济互动问题，并提出了一个可行的研究框架。该框架指出，与会计学、财务学关系较为密切的宏观经济政策中包括但不限于财政政策、经济周期、信贷政策、货币政策、产业政策、汇率政策等。这些政策的变化和波动至少可以通过三条路径对微观企业主体的财务行为产生影响：第一，宏观经济政策可以通过改变企业资本成本进而影响企业融资行为、现金管理行为等产生影响；第二，宏观政策通过改变宏观经济前景预期、行业前景预期影响企业的投融资、雇佣等行为；第三，宏观政策可能会改变企业经营的信息环境，从而影响企业行为(如信息不对称程度增加导致企业财务管理活动变得更为谨慎等)。政策的改变通过以上途径影响企业行为后，进而会对企业的产出及经济后果产生影响(如公司治理、盈利能力、资本结构等)；微观企业产出和经济后果的改变会引起社会经济总产出的改变（如 GDP、社会总投资、进出口、物价水平等）；社会经济总产出的变化又会引起下一轮经济政策的变化，从而形成一个循环关系。

如何使这种循环变成一个良性的互动机制？其中每一个环节的传导机制是怎样的？对各利益主体有何影响？国内外已经有相关的研究者注意到这个问题并展开了相应的研究。

3.1.1 货币政策的调整与微观企业财务行为

相对其他宏观经济政策对企业行为的影响，货币政策的影响是研究成果较多的领域，Kashyap 和 Stein（1994）从对银行贷款和商业票据的流动研究了货币政策对企业产生影响的传导机制。研究发现，货币政策紧缩会导致企业融资组合发生变化，即商业票据的发行会上升，而银行贷款的数量会下降。而且这种转换会影响企业的资本成本，进而影响企业的投资行为。Bernanke 和 Kuttner（2005）通过观测 1973—2002 年美联储 131 次利率变化，测试了货币政策对资产价格的影响。利用利率期货计算非预期的利率变化，短窗口内考察 CRSP 市值加权指数回报率对非预期利率变化的市场反应，研究发现二者之间呈显著的负相关关系，非预期利率每下降 25 个基准点，CRSP 市值加权指数会上升 1%，说明货币政策的变化会反映在资产价格上。

Beaudry et al.（2001）从信号传递的角度，分析了货币政策的波动可以通过对资产价格的可预测来影响企业的投资行为。研究利用英国 1970—1990 年上市公司的面板数据，发现 20 世纪 80 年代英国货币政策变动较为频繁，上市公司在这个阶段投资的总体方差与 70 年代相比显著降低。这在一定程度上揭示了当企业面临货币政策所带来的不确定性时，企业投资行为存在趋于一致的现象，证明了货币政策的波动对企业投资行为产生影响的作用机理。考虑到公司规模的影响，Oliner 和 Rudebusch（1996）研究发现，在货币政策紧缩期，小公司的现金流与固定资产投资的敏感程度高于大公司。Rondi et al.（1998）在对意大利的公司进行研究后发现，小公司的利息保障倍数对投资的影响比大公司更为敏感。

陆正飞等（2009）利用中国人民银行发布的“货币政策指数”，研究了货币政策与现金持有之间的关系。研究发现，由于企业面临的环境具有不确定性，企业的现金持有水平会随着货币政策波动而进行调整，当货币政策较为宽松时，外部融资约束降低，企业会降低现金持有水平。当货币政策处于紧缩期时，外部融资约束会增强，企业现金持有水平会增加；在货币政策从紧期间，为满足投资需求，缓解外部融资约束，高成长企业倾向持有更多现金。研究进一步发现，企业的成长性不同，增加现金持有的融资方式也存在很大的差异，这也验证了现金持有理论中的预防性动机和权衡理论在中国的适用性。

张西征(2010)研究发现，从信贷配给、债务积压和金融加速器理论的角度，货币政策不仅可以通过影响货币供应量和银行信贷政策，从而对公司债务融资产生影响，还能够通过资本市场对资产价格的影响对股权融资产生影响。基于市场分割和融资优序理论，研究进一步发现货币政策对企业融资约束的调整具有普遍性，进而会对企业的资本性投资产生暂时的影响。

饶品贵、姜国华(2011)运用1998—2008年的数据，以银行信贷为切入点，研究了货币政策波动对会计稳健性产生的影响。研究发现，在货币政策紧缩期，为了应对不确定性，企业会表现出更高的会计稳健性。与此同时，紧缩期信贷配给现象的加剧导致银行和企业间的合约会加强会计稳健性的权重，促使企业提高会计稳健性。其进一步研究发现，对外部融资有强烈依赖性和高负债水平的企业拥有更高的会计稳健性，现金持有量高的企业会计稳健性更低，国有企业相对民营企业会计稳健性要低一些。叶康涛、祝继高(2009)对2004—2007年货币政策紧缩期企业信贷状况进行了研究，发现高成长行业的公司在货币政策紧缩期获得的贷款显著减少。陆正飞等(2009)通过对2000—2006年货币政策变化对民营上市企业的研究，发现政策紧缩期民营企业的负债率显著下降，揭示了民企在政策紧缩期遭受“信贷歧视”的现象。宋献中等(2014)以2002—2012年我国A股上市公司的年度面板数据为研究对象，利用GMM估计法检验了货币政策与公司资本结构动态调整之间的关系。研究发现，无论以利率还是以货币供应量的替代变量作为货币政策的度量指标，货币政策宽松时期，公司资本结构调整速度均快于紧缩时期，并且货币供应量的变动对公司资本结构调整的冲击更大。

3.1.2 经济周期的波动与微观企业财务行为

Korajczyk 和 Levy(2003) 基于企业融资约束程度的差异，研究了企业的资本结构调整行为与经济周期波动的关系。他们用公司盈利水平、短期利率、期限利差衡量宏观经济状况，发现融资约束较低的企业会随着经济周期的波动变化调整自身的资本结构，资产负债率变化呈反经济周期模式；而融资约束较强的企业资产负债率变化呈顺经济周期模式，基本符合权衡理论。Hackbarth et al.(2006)同样指出，企业资产负债率的变化与宏观经济周期密切相关，具有反周期性，其融资策略也会因此做出相关调整。Klein 和 Marquardt(2006)以美国过去 50 年的数据为研究样本，探讨了企业亏损背后的会计及非会计因素。研究发现，企业的亏损不仅与会计稳健性存在显著的相关性，更与宏观经济周期表现出较强的相关性。Gertler 和 Gilchrist(1994)，Gertler 和 Hubbard(1993)的研究指出，小公司的利息保障倍数对投资的影响在考虑经济周期的因素后，呈现非对称的状态，在经济低迷期较高，在经济繁荣期较低。Chen 和 Zhao(2007)为了解释公司债券信用价差过大以及相对税盾收益资产负债率却明显偏低的现象，通过建立动态权衡理论模型，发现在经济低迷期，债务违约率明显上升，违约损失也较其他时期更高，因而公司融资结构会随着经济周期的波动而变化。

罗琦、张克中(2007)分析了经济周期与企业现金持有的关系。该研究指出，由于金融市场缺陷会对经济波动产生效应，企业为抵御外部融资约束，出于预防性动机而持有现金的现象，反映了市场缺陷；并研究分析其传导动机及对企业产生的经济后果。应惟伟(2008)分析了经济周期对企业投资行为的影响，研究表明，经济周期的波动与企业的投资—现金流敏感性存在显著的相关性。

3.1.3 其他宏观经济因素与微观企业财务行为

Carling et al.(2007)探析了宏观经济变化与会计报表中相关变量之间的关系，研究结论依然支持宏观经济因素与会计业绩变量之间的关系显著的观点。

Jin(2005)研究了宏观经济的变化与企业盈余管理之间的关系，研究发现，不同类型的企业面对相同的宏观经济变量时，其盈余管理的动机与方式存在显著的差异，表明不仅企业的会计业绩会受到宏观经济波动的影响，会计政策选择和财务管理行为也会受此因素影响。Levy 和 Hennessy(2007)通过构建 CGE 模型，从代理理论的角度分析了宏观经济变化对公司管理者财富以及对管理者激励的影响，从而进一步对融资政策产生了影响。

苏冬蔚、曾海舰(2011)综合经济周期、信贷配给以及企业家信心等宏观经济因素对企业的融资行为的影响，检验了融资优序理论在我国的适用性。研究发现，企业的融资偏好与宏观经济环境的变化密切相关。宏观经济上行期，企业融资偏好为“股权—债务”；宏观经济下行期，融资偏好转变为“债务—股权”。信贷配给增加时，股权融资的可能增加；企业家对经济前景的信心越强，债务融资的概率就越大。赵冬青等(2008)研究了 2004 年宏观调控对房地产企业资本结构的影响。令人费解的是，其研究发现在调控期间企业的资产负债率居然呈上升态势。

从上述文献中可以看到，虽然我们从实践中和一些基础理论上都证明了宏观经济对微观企业行为的重要意义，但从目前的学术研究范式来看，宏观经济与微观经济被人为地划分和割裂：经济学家研究宏观经济和宏观经济产出的关系，会计学家研究企业行为与企业产出的关系(姜国华、饶品贵，2011)。因此，破除自成一体、自我循环、学术“扎堆”的现象，才能更多地了解全球化、国际化、经济转型等很多鲜活的问题对企业财务行为的影响，从而拓宽研究视野。

3.2 税收影响企业财务行为的文献回顾

3.2.1 税收对企业资本结构的影响

提到税收与企业行为的研究，我们首先且必须联想到的是对现代财务理论有里程碑意义的 MM 理论。Modigliani 和 Miller 提出的 MM 理论，其重大意义不仅在于通过无税模型、有税模型到米勒模型证明了资本结构与公司价值的相关性，更重要的是它首次将“套利”证明的方法运用到财务理论研究上，论证了学说的科学性，从方法论的角度实现了与古典经济学的分离，并使其成为现代财务学的基本方法。

该理论分为三个阶段。第一阶段是 Modigliani 和 Miller 1958 年在《美国经济评论》上发表了《资本成本：公司财务与投资理论》①，在不考虑所得税的情况下，提出的资本结构无关论。其学说包含以下两个命题：

命题一：公司只要经营风险等级相同，公司价值不受资本结构的影响，有债公司和无债公司的市场价值相等，公司价值是 EBIT 按资本成本折现的结果。即

$$V_u=\frac{EBIT}{K_u}\quad V_L=\frac{EBIT}{K_L}\quad V_u=V_L$$

命题二：有债公司的权益成本等于无债公司权益成本加上一定的额外风险补偿，该风险补偿的大小视公司负债程度的大小而定。即

$$k_{LS}=K_L+(K_L-K_{LB})\times\frac{B}{S}$$

第二阶段是 1963 年 Modigliani 和 Miller 在《美国经济评论》上发表了《所得税与资本成本：理论的修正》②，在考虑所得税后提出的资本结构相关论：

命题一：公司价值模型，有债公司的价值等于相同经营风险等级的无债公司价值加上债务的税盾收益，负债越多，公司价值越大。即

$$V_L=V_U+T\times B$$

命题二：有债公司的权益成本等于无债公司权益成本加上一定的风险补偿，该风险补偿的大小由企业的负债水平与企业的所得税税率共同决定。即

① Modigliani F, Miller M. The cost of capital, corporation finance and the theory of investment [J]. American Economic Review, 1958(6): 261-297.

② Modigliani F, Miller M. Taxes and the cost of capital: A correction [J]. American Economic Review, 1963(6): 443-453.

$$k_{LS}=K_L+(K_L-K_{LB})\times(1-T)\frac{B}{S}$$

式中，U 代表无债公司；L 代表有债公司；V 代表队公司价值；T 代表所得税税率；K 代表公司资本成本率；S 代表权益资本市场价值；B 代表债务资本市场价值 。

第三阶段是再次回到资本结构无关论。1977 年 5 月，Miller 教授在《金融杂志》上发表了一篇论文《债务与税》①，认为公司所得税对企业价值的正向作用会因为个人所得税的存在而被抵消，尤为重要的是，在米勒均衡状态下，即使存在各种所得税，资本结构对企业价值也不存在影响。其基本命题为：有债公司的价值等于无债公司价值加上债务的税盾收益。其中，债务税盾收益的大小由公司所得税水平、个人利息收入所得税水平及个人股息收入所得税水平共同决定。

即著名的米勒模型

$$V_L=V_U+\left[1-\frac{(1-T_C)\ \times\ (1-T_S)}{(1-T_b)}\right]\times B$$

式中，T_C代表公司所得税税率；T_S代表个人股息所得税税率；T_b代表个人利息所得税税率。

我们在分享 MM 理论对现代财务理论产生的重大影响时，会更加关注其对资本结构与公司价值方面的突出贡献。但它将税收因素引入对公司财务和公司价值的研究中，并且用科学的方式严谨地证明了其对公司财务的重要作用，这不仅为后来的研究者在税收对公司财务影响的研究领域方面奠定了坚实的理论基础，也为他们引领了一个重要的研究领域。

后来的研究者发现，无论是经典的 MM 理论还是米勒模型，虽然在理论上实现了完美的证明，但与现实的反差很大，在考虑负债的税盾收益时，没有考虑负债带来的财务风险，权衡理论由此开始产生并发展。其代表 Baxter (1967) 在研究融资方式的选择问题上，引入了破产风险，此后，Stiglitz (1969)、Kraus 和 Litzenberger (1973)、Scott (1976) 等在此基础上加以拓展，

① Miller M, Merton H. Debt and taxes [J]. Journal of finance, 1977(5): 337-347.

形成了权衡理论(Trade-off Theory)。根据权衡理论，负债的提高固然可以增加企业的税盾收益，但过高的负债会影响企业的偿债能力，带来一系列诱发财务拮据的风险。此时，负债公司的价值可以用公式表示，即

$$V_L = V_U + T_C \times B - k \times B$$

式中，k 代表单位负债所承担的财务拮据成本。所以企业负债的最优点是由负债带来的边际收益等于边际成本的点，此时企业价值最大。DeAngelo 和 Masulis(1980)通过建立一个状态偏好模型，从投资的角度解释了公司为什么不会按 MM 理论采取百分百负债的策略。其研究分析道，债务税盾并非企业税盾收益的唯一源泉，由投资固定资产所产生的折旧同样可以为企业获得税盾收益。事实上，假如经营收入既定，企业计提折旧多，可用于支付利息的收入就少，二者会存在一种替代和竞争效应，这种效应会影响企业的增量负债，影响其投融资决策。

税收影响厂商行为的根本原因是由于税收的“非中性”(Non-neutral)，或“税收差异”(Tax differenial)。Farrar et al.(1967)在 Modigliani 和 Miller 考虑税收因素提出“资本结构相关论”后，首先意识到公司间存在的税收差别，他们以公司所得税和个人所得税为切入点，按是否存在这两类税收将公司分为 4 种情况，从税收差异的角度研究了税收对财务决策的影响。这篇文章的开创性研究，引导税收对公司资本结构决策的影响研究进入了所谓“税差学派”。Myers(1967)为此曾评价说：“Farrar 和 Selwyn 教授对资本结构理论做出了重要贡献。”① Brennan(1970)为了弥补 Farrar et al.(1967)未考虑资本定价问题的缺陷，首度将税收问题引向了资本定价问题，将 Sharper 的二部门资本资产定价模型(CAPM)，插入了“税收锲子”，引入个人所得税的影响，研究了资本资产定价中的税收效应。

国内关于税收的微观效应研究相对较少。宋献中(2001)基于 MM 理论探讨了如何在实现理想的税负与合理的资本结构之间寻求一个平衡点，从而达

① Farrar D, Selwyn L. Taxes, corporate financial policy and the return to investors: comment [J]. National Tax Journal, 1967, 20 (4): 444-454.

到企业利润最大化目标。通过分析税收①对权益资本和债务资本成本的不同影响，发现企业的资产负债率与税率呈倒U形关系。分析指出，我国企业存在的资本结构不合理的情况，应该跳出企业本身，从更深的层次寻找原因，即从国家税制和税收政策入手来分析资本结构不合理的原因。从而通过调整税收制度来影响整个社会的资本结构，使社会的资产负债率达到一个比较合理的水平。王志强(2003)用税收作为衔接点，把融资决策和股利分配决策纳入同一分析框架，通过分析税收对企业融资和分配活动的作用机理，从一定程度上解释了国有企业的高负债率及不分配股利的现象。彭程、刘星(2007)研究发现了上市公司负债率与“非债务税盾”负相关的现象，支持了“替代效应”假说。闵丹、韩立岩(2008)研究发现，行业平均资产负债率与“非债务税盾”显著负相关，但单个企业的负债率与“非债务税盾”关系不显著。

3.2.2 税收对企业投资的影响

在公司投资决策过程中，税负的高低、时间以及支付的不确定性等因素都会对投资项目的净现值产生影响，同时税收优惠与税收报告也会影响公司的投资决策。

3.2.2.1 理论基础方面

最早研究税收与公司投资决策之间关系的理论来源是基于非古典经济学的投资理论，当且仅当投资带来的边际收益大于边际成本时投资决策才是有效的，而投资成本一方面包括长期资本所负担的成本，另一方面就是企业的税负(Hall 和 Jorgenson，1967)，因此在这种理论基础中，税负会增加企业的投资成本。Jorgenson(1963)认为，首先，税收对资本成本有着重要影响；其次，资本成本对投资 I 有着不可小觑的影响，其中 t 期的投资额 I 等于企业在利润最大化条件下的最优资本存量 K^* 与 $t-1$ 期的资本存量 K_{t-1} 的差。按照这个逻辑，Jorgenson 将税收与企业投资合理且有效地联系在一起。随后，Tobin

① 宋献中．资本结构与税收的相关性分析［J］．暨南学报(哲学社会科学版)，2001(3)：71-77.(文章基于 MM 理论，从企业所得税和个人所得税的角度进行分析，未涉及其他税种。)

(1969)提出了Q理论，利用托宾Q值来解释非古典经济学的投资理论，当且仅当投资带给股东的边际价值大于边际成本时，也就是边际价值与边际成本的比值大于1的情况下才值得投资。该理论认为如果资本的市场价值大于资本的重置成本，重置新资本能够以较低的成本获得市场价值的提升，企业会有意愿新增投资；反之，资本的市场价值小于资本的重置成本，则企业宁可直接通过收购扩张，也不愿新增投资，而税收则通过影响市场价值和重置成本的途径影响企业的投资决策。Summers et al.(1981)将其扩展并研究了投资与税负激励之间的关系。值得注意的是，托宾Q值的产生在财务会计学上具有重要的意义，后来在很多重要的研究中均得以体现(BiddleT和Hilary，2006；Biddle et al.，2009；Bushman et al.，2007)。

3.2.2.2　实证研究方面

第一，税收投资效率的衡量标准。在衡量税制对公司投资的影响时，经济学家常用边际有效税率①来计算税收对不同类别资产的影响。Jun(1998)利用国际数据，计算了24个OECD国家的机器、建筑、设备投资在不同融资结构下的边际有效税率，结果表明以发行债券与保留利润的方式进行融资能够比发行新股获得更低的边际有效税率。除土耳其以外，各国三类资产的平均边际有效税率均在3%~10%。Gravelle(1994)根据美国企业的类型差异，分期计算其不同类别资产在1981—1992年的边际有效税率，研究发现，1986年的减税政策使非公司企业设备投资的有效税率从-45%上升到21%，公司企业则从-32%提升到了30%，两类企业的建筑类固定资产投资的边际有效税率则分别增加了6%和3%。

第二，税收激励。关于税收激励与投资决策的关系也是学者们关注的热点。传统理论利用过度投资的数据研究税收与公司投资之间的关系，通过改变税率或税制观察时间序列趋势并得出相应的推论，然而这种方法并不能得

① King et al.(1984)曾解释道，边际有效税率是指投资者税前收益率和储蓄者税后收益率之间的“税收锲子”与投资者税前收益率的比值。因为投资者的税前收益率实际上是资本使用者成本与经济折旧的差，因此，边际有效税率可以看成资本使用者成本的扩展形式，也可以看成在资本使用成本的基础上，衡量包括个人所得税、公司所得税、利息、经济折旧、通胀在内的诸多因素影响投资的另一工具。

出有关税负激励与投资的直接关系。Hines (1999)指出实证研究在税负激励与投资决策之间得不出明确的结论确实令人疑惑。Hall 和 Jorgenson(1967)解释了这一现象，认为公司过度投资通常与公司所在的经济周期相关联，因此利用时间序列数据很难区分单个因素对过度投资的影响。由于时间序列数据并不能达到相应的研究目的，研究学者们开始利用横截面数据，将不同公司的税负激励、资产规模和地区差异融入税负效应的研究中来，虽然从公司层面得到相关的宏观推论有些困难，但是 Hassett 和 Hubbard(2002)、Hassett 和 New mark(2008)寻找到了不同国家或不同税制改革情况下公司层面的特殊反映。House 和 Shapiro(2008)也间接地证明了公司投资决策对税收政策的敏感性。Jorgenson(1963)利用资本使用者成本模型，考察美国税制改革对于投资的影响，实证结果表明投资抵免政策使制造业和非制造业的净投资分别提高了 28%和 55%。

Berger (1993)检验税收优惠是否会影响企业的无形资产投资，结果发现企业无形资产投资对税率和税收优惠幅度非常敏感，Klassen et al. (2004)、Gupta Mills(2002)、Chen 和 Gupta(2017)的研究也得到同样的结论。但在某些特定的情况下，管理层为了迎合股东的需要，必须在增加无形资产投资从而降低企业税负和提升企业盈余之间进行选择，这就会影响投资对税收的敏感度，Bushee (1998)认为企业会为了提升盈余而削减无形资产投资。Brown 和 Krull(2008)研究了税收优惠和盈余数据对无形资产投资的共同影响后发现，股票期权也能起到税负优惠的作用，相比其他激励方式，使用股票期权激励企业的管理层会使他们更少的进行无形资产投资，这个结论也进一步证明了基于财务报表数据的激励会降低税负对投资的影响效应。研究还指出，若企业对盈余的追求会降低税负对投资的影响，那么对于政策制定者而言，会计政策的选择和会计盈余质量的监管就显得尤为重要。付文林、赵永辉(2014)利用 1998—2012 年沪深两市上市公司面板数据，实证考察了税收激励、流动性约束对企业投资结构性偏离的影响。研究发现，在企业投资支出中存在不同程度偏向权益性投资的倾向，税收激励对企业权益性投资的促进作用要显著大于固定资产投资；现金流增加会提高企业的固定资产投资，但民营企业的权益性投资对其不敏感。

第三，税收对投资地点的选择影响。有关税收政策与投资地点决策的研究文献近年来呈上升的趋势，并且研究结论较为成熟。关于这个领域的研究的方向之一是围绕在国际直接投资(FDI)，公司要去本国以外的其他国家投资所负担的税率就是对方国家的税率，那么国家与国家之间税率水平的不一致势必会导致资本从一个国家流动到另一个国家。Klassen 和 Shackelford(1998)、Gupta 和 Mills(2002)的研究发现表明一国税率和税收弹性之间呈负向相关关系，意味着本国税率降低会带来本国接受 FDI 的直接增加。Grubert 和 Mutti (1991)、Hines 和 Rice(1994)发现相比非制造业企业而言，税率较资金流对制造业企业的敏感性更强，但 Altshuler et al. (2000)的研究推翻了这一结论，因为 FDI 还同时受到国家对外贸易政策的干扰(Grubert 和 Mutti, 2000)，并且跨国并购对税收的敏感度远不如 FDI(Swenson, 2004)。Hines (1999)的研究也得出负的税收弹性，并且进一步指出，一国实行高税率政策会使得公司重新选择母公司所在国，直接导致所接受的 FDI 减少，并且该国政府在国际投资的竞争中处于劣势。这意味着税率对 FDI 的影响直接是与税收政策紧密联系在一起的。Shackelford et al. (2010)认为，公司在税负和财务报告中可采用的政策越多进行 FDI 的可能性越大。Graham et al. (2010)也认为公司进行海外投资的一个重要因素就在于会计政策的可选择性。

关于税收政策与投资地点决策的另一领域则是避税天堂的问题。OECD (1998)定义避税天堂为一个国家实行零税率或者很少的象征性税率，使得其他国家的企业为了避税而将公司设立于此地，如百慕大、开曼群岛、爱尔兰和维尔京群岛。Hines(2005)的研究表明全世界一共有 35 个避税天堂，其中 27 个都是岛国，这些国家之所以采用低税率主要原因在于它的公共政策。Cloyd et al. (2003)的研究发现，避税天堂的存在使诸多国家对海外 FDI 利润征税存在很大的难度，在税收方面损失很多。据估计，英格兰每年损失税收 4000 万美元，美国每年损失税收 5500 万美元。有的公司甚至不但在海外的 FDI 利润偷税，而且还会将来源于国内的利润转移到海外以达到避税的目的。Hanlon 和 Slemrod(2009)的研究认为，采用这种税收规避的方式不但会损害股东利益，也会降低公司治理水平，但并没有相应的实证证据。Desai 和 Dharmapala(2009)用“中心化的全球公司”来解释公司和国家之间的关系，公司的经营业务由于税率不同不再拘泥于母国；考虑到公司的注册国籍，税收政策和投资者管制也将在新的基础上重构。

在国内，税收对企业投资影响的研究并不多见。马拴友(2001)用滞后一期的实际缴纳的税收与企业利润的比率作为解释变量，研究了税收对我国企业固定资产投资的影响。实证结果表明，由税收优惠引起的实际税率的下降确实能对非国有企业的投资起到促进作用，但对国有企业的促进效果并不明显。杨欣、夏杰长(2004)则利用当期投资与税收收入、滞后一期的投资、GDP 的回归结果，得出税收的增长会抑制投资的结论。彭程、刘星(2007) 从税收因素视角，研究了中国上市公司负债融资与投资支出之间的动态关系，他们的研究支持了税收的“收入效应”假说。刘行、叶康涛(2013)认为，避税活动往往会加剧企业内外部的信息不对称程度，而且会扭曲激励契约引发代理问题；而信息不对称和代理问题是导致企业非效率投资的重要原因，他们采用我国上市公司 1999—2010 年的数据研究发现：企业的避税程度与非效率投资额显著正相关，而且这种正相关关系主要表现为避税引发的过度投资。刘行等(2018)利用 2014 年财政部和国家税务总局对六大行业企业实施的新购进固定资产实行加速折旧的政策研究发现，相比未受政策影响的企业，受加速折旧政策影响的企业在政策实施后显著扩大了固定资产投资幅度；加速折旧政策还提高了企业的资本配置效率，表现为企业投资—投资机会敏感度的增加；并且该政策没有降低企业的固定资产租赁与股利支付率，但显著提高了企业的债务融资。

3.2.3 税制改革对其他财务行为的影响

(1) 对资本结构调整的影响。Auerbach 和 Hassett(1991)考察 1986 年美国税制改革的影响时发现，1987 年资本成本对投资的弹性是-0.99，即如果资本成本下降 1%，将带来 0.99%的投资额增加。Givoly et al. (1992)研究美国 1986 年降低企业所得税税率改革时，实际税率对公司债务水平变化的影响发现，实际税率与公司债务水平变化呈显著负相关。吴联生、岳衡(2006)利用取消“先征后返”这一税收政策的变化，在国内首次研究了税率变化对资本结构的影响，研究发现在政策变化导致税率升高后，会如资本结构理论预期的那样提高财务杠杆，验证了资本结构理论在中国的适用性。更重要的是，该文首度利用中国数据，从宏观政策调整对微观企业财务行为的角度找到了理论和经验上的证据。

王跃堂等(2010)以我国企业所得税改革为契机，研究了所得税政策调整对企业资本结构的影响，检验了西方债务税盾和资本结构理论在中国的适用性。研究发现，所得税改革后，税率上升的企业明显地提高了债务水平，而税率下降的企业则明显地减少了企业负债，并且在税率下降的企业中，企业在税制改革中获得的与投资有关的非债务税盾与企业的负债水平变化呈负相关。结合中国的制度背景，税率升高的企业中，非国企比国企增加更多债务；税率降低的企业中，非国企比国企减少更多债务。表明非国企在融资决策中会更多地考虑债务税盾的因素，在税收筹划方面更为激进。彭培鑫、朱学义(2011)以 2008 年我国所得税改革为背景，研究了税率变化对上市公司资本结构的影响。研究表明，税率降低会导致企业降低财务杠杆，并且这种影响主要通过增加所有者权益的方式进行。

(2) 对盈余管理的影响。针对美国 1986 年进行的所得税改革，国外学者主要集中于对美国上市公司在改革前后的盈余管理行为进行考察。Scholes et al. (1992)根据税率不同对企业进行分组，研究发现有减税预期的公司在税率逐步降低的两年，有推迟确认收入并增加费用确认的现象，从而能将利润递延到税率较低的年度，并且在大公司这种现象更为明显。Guenther(1994)在模型中加入财务报告成本替代变量，发现大公司更愿意推迟确认收入，且财务报告成本较高的公司更加不愿意降低报告利润。可见，转移收入为节约税款与提高利润以控制债务违约成本同等重要(Shackelford 和 Shevlin，2001)。

Maydew(1997)研究发现，公司在所得税税率变动后，盈余管理主要通过推迟非经常性收益的确认来进行，而这种收入转移现象在税务筹划更加激进的公司更为明显(Lopez et al.，1998)。Thomas et al. (1998)的研究同样发现收益转移更多地集中于税务筹划激进的公司。盖地、胡国强(2012)以 2008 年所得税改革为切入点，借鉴 Shackelford 和 Shevlin(2001)税与非税因素权衡模型，考察了有减税预期的上市公司在税收规避中是否会权衡财务报告成本。

研究发现，有减税预期的公司会存在将减税前的利润推迟确认到未来低税率期间的盈余管理行为，并且为避免这一行为太过明显而遭受惩罚，利润会在较长的期间内实现跨期转移，但财务报告成本较高的公司跨期利润转移的动机明显降低。李增福、李娟(2011)以2007年颁布的所得税改革为背景，建立了一个基于避税动因的盈余管理方式选择的模型，探析上市公司盈余管理方式的选择。研究表明，预期税率上升会促使公司更倾向于进行真实活动操控的盈余管理，而预期税率下降的公司则更倾向进行应计项目操控的盈余管理。研究进一步发现，国企的产权特征、公司规模、负债与应计项目的操控程度呈显著的负效应，与真实活动的盈余管理程度呈显著正相关；管理层薪酬与正向的应计项目操控以及真实活动操控均呈显著的正效应，而与负向的应计项目操控呈显著的负相关关系。

（3）对其他财务行为的影响。Givoly et al.(1992)针对美国1986年所得税改革的市场反应分时段进行检验，发现市场对新税法的颁布能立刻做出反应，并且公司预期税负和股票的超额回报率呈显著负相关。Downs 和 Hendershott (1987)研究发现，美国1986年的所得税改革使股价上升了10%~13%，其中由税率降低带来的股价涨幅达3%。李长春等(2008)基于所得税改革，讨论了内外资企业所得税统一，并且法定税率调整到25%以后，内资企业在企业设立、投融资决策以及生产经营方面所受的影响。王跃堂等(2012)再次基于2007年企业所得税改革，在检验了西方公司所得税与劳动力需求关系的理论在我国的适用性的基础上，进一步研究发现所得税税率降低和“就业税盾”增加了企业劳动力需求，但这种税率和“就业税盾”的变化对国有企业劳动力需求变化的影响要显著小于非国有企业。这表明税收是影响劳动力需求的重要因素，但国有企业的产权特性使得这种敏感性变弱。

3.2.4 增值税转型改革相关的文献回顾

增值税转型是指由生产型增值税转为消费型增值税。生产型增值税是指在计算增值税时，不允许将包括折旧在内的外购固定资产的价款从商品或劳务的销售额中扣除。消费型增值税是指在计算增值税时允许从商品或劳务销售额中扣除当期购进的全部固定资产价值。世界上130多个实施增值税的国家中，90%以上采用的是消费型增值税，而我国是世界上少数采用生产型增值税的国家(陈海秋，2009)，因而相关的研究文献并不太多。因为税收问题同样属于宏观经济的范畴，所以从宏观经济的层面也不乏研究增值税转型带来的相关影响的成果，这些研究成果对开拓本书研究增值税转型对企业层面的影响也非常有借鉴价值。

Go et al. (2005)研究了南非增值税代替销售税政策的经济效应后发现，南非增值税改革满足帕累托改进。Emini(2000)分析了喀麦隆4种不同的增值税改革方案后认为，虽然理论上纯粹的增值税制度会改善社会福利，但是长期持续会造成整体社会福利恶化。Piggott和Whalley(2009)、Bye和Nyborg(2003)分别设计各自的一般均衡模型模拟分析英国和挪威增值税改革政策的社会福利损失。

陆炜、杨震(2000)通过定量研究与定性研究相结合、税收管理和税收政策相结合，对我国增值税转型涉及的类型分析、国际借鉴状况、实施现状、财政影响、厂商分析、投资等领域进行了实证研究。从财政、税收、会计、计量经济学等角度对增值税转型进行了可行性研究。安体富、王海勇(2004)在增值税试点期间，曾按2000年与2001年全国设备投资的平均值测算，发现增值税转型会导致财政收入每年减少1000亿~1400亿元①。杨之刚等(2000)对全国21个行业100家企业的税收情况进行了考察，比较了行业之间以及内外资企业之间的税负差异，分析其差异数量及成因。研究表明，资本构成高的企业增值税负担更重；内资企业的增值税负担高于外资企业的现象并不显著。研究指出，增值税转型改革将对投资产生正效应，但其税基明显缩小是不容忽视的事实，政府将在短期内承受税收减少的后果；但其因对投资的促进作用带来的长期影响，必然带来税收的增加。Fan和Horridge(2002)研究认为，增值税转型在短期内不会刺激实际GDP增长，但将资本供给内生化后，对GDP增长的长期拉动约为0.19%②。Zhai和He(2008)研究也认为，

① 安体富，王海勇．新一轮税制改革：性质、理论与政策（上）[J]. 税务研究，2004（5）：2-7.

② M Fan, M. Horridge. Assessing the effects of proposed taxation reform in China: An application of China CGE Mode [J]. The 14th international conference on input output techniques, 2002 (10): 10-15.

增值税转型从长期来看能够刺激经济产出和改善社会福利。

与上述研究的研究结论不同，陈烨等(2010)宏观经济一般均衡的角度研究，指出增值税转型也会扭曲劳动与资本相对价格，产生资本对劳动的“替代效应”，从而对就业造成负面影响。他们建立了一个凯恩斯和存在剩余劳动力状况下的宏观闭合的CGE模型，并在此框架下模拟计算增值税转型对于宏观经济与就业的政策效应。其研究指出，增值税转型对于实际GDP的刺激非常有限，却可能造成多达444万人的新增失业。就增值税转型对就业产生负面影响的问题，杨抚生、蔡军(2006)同样认为，实行消费型增值税后，劳动密集型企业相对资本密集型企业的税负优势将不复存在，这会促使劳动密集型企业减少投资，从而对就业产生负面作用。持同样观点的还有张欣(2008)，其研究认为，增值税转型会导致固定资产相对劳动的价格降低，从而使企业更多的使用机器、减少劳动力的雇用，最终促使我国的就业形式雪上加霜。但李嘉明、李苏娅(2007)认为，增值税转型对就业产生的负面影响的担忧依据并不充分，劳动密集型企业可能不仅不会在实行消费型增值税后损失优势，反而能通过成本降低、从投资与经济增长中获益。因此，不能断定增值税转型不利于就业。

从微观角度考察增值税转型对企业行为研究的并不多见，现有文献主要集中在以下四个方面：

(1) 基于财务指标的相关研究。杨震、刘丽敏(2006)在对405家上市公司的年报数据进行研究分析后发现，增值税转型会对企业净资产收益率(ROE)产生显著的影响；当进一步研究比较跨年度的情况时，发现增值税转型对上市公司ROE跨年度的影响不存在太大的波动，并且非上市公司的增值税减少明显低于上市公司。此外，研究还发现增值税转型后，相对于431家上市公司，工业企业的小规模纳税人面临着税收非公平待遇；增值税转型的政策效应通过国家和企业利益的再分配过程对企业收益产生直接影响，显著地提高了上市公司的整体收益能力。宋艳敏(2009)从税负和现金流的角度分析了增值税转型对企业现金流的影响。研究发现，与生产型增值税相比，消费型增值税在很大程度上降低了企业税负，增加了企业的经营现金流，激发了企业的投资热情。骆阳、肖侠(2010)基于沪市江苏省上市公司2008年年报数据，分析了增值税转型后可能对增值税税负和其他相关税种的税负所产生的影响，增值税转型将对高新技术企业的税负金额和税负率的影响大于非高新技术，对江苏省上市公司带来平均超过1000万元的节税收益。

王素荣、蒋高乐(2010)从行业的角度入手，研究发现增值税转型政策对采掘业、水生产供应业、电力煤气及制造业受益程度较大。研究进一步探析了转型政策对上市公司财务的影响，通过对比分析上市公司ROA、EPS等财务指标在增值税转型前后所发生的变化，发现增值税转型确实能够对企业的投资和经营产生直接且重要的影响。

(2) 与企业投资相关的影响。聂辉华等(2009)利用2004年在东北地区实行增值税转型政策试点提供的“自然实验”，在国内较早地基于微观层面的数据，研究了增值税转型改革对企业固定资产投资、研发行为和雇佣以及效率的影响；探析了企业行为对就业形势以及产业结构优化所产生的影响。研究发现，增值税转型显著地提高了资本劳动比，进而促进了企业的固定资产投资。但是企业效率的提高主要是源于资本对劳动的替代，因此，增值税转型在促进投资的同时还显著地减少了就业。胥佚萱、林志伟(2011)从企业层面分析了增值税转型对企业固定资产投资的影响。研究发现，增值税转型改革在很大程度上刺激了企业的固定资产投资，有利于东北老工业基地的固定资产更新和产业结构优化；但从长期来看，增值税转型政策对企业投资的影响存在滞后效应，并且不同地区的促进投资效果也有显著差异。

卢锐、许宁(2011)通过对上市公司年报数据进行分析表明，增值税转型确实在一定程度上刺激了企业的投资；进一步研究发现，企业对政策的预期效应以及转型前推迟固定资产投资的行为可能会使固定资产投资出现短期的波动。此外，增值税转型作用的发挥也受到国际金融危机和国家银行信贷政策的影响。万华林等(2012)以增值税转型为基础，并结合2008年公司所得税改革，验证了增值税转型过程中企业投资决策的价值相关性变化趋势。理论上增值税转型对投资价值的影响，存在投资补贴的正效应和所得税的负效应。实证结果表明，在增值税转型过程中，公司投资补贴的正效应大于所得税的负效应，从整体上增加了公司投资价值相关性，并且所得税税率越低，增值税转型改革对投资价值的促进作用越大。倪婷婷、王跃堂(2016，2018)从集团控制的角度研究了增值税转型政策的投资效应，研究发现集团公司的固定资产投资规模显著高于独立公司，且两权分离度越高差距越大。而且融资约束是影响集团公司与独立公司投资行为的主要因素，并且随着两权分离度的提高，代理成本对两类公司尤其是集团公司投资行为的影响也会提高。进一步研究发现，就研发投入而言，在不区分组织形式的情况下，没有发现增值税转型对研发投入有显著影响；考虑集团因素后，与非集团公司相比，增值税转型明显刺激了集团公司的研发投入，并且民营集团研发投入显著高于国有集团。

(3) 与企业雇佣行为相关的影响。由于 20 世纪 90 年代中期，大多数 OECD 国家都实施了增值税减税，在这一背景下，诸多文献研究了增值税改革对劳动力雇佣的影响。但大多数研究以理论研究为主，利用一般均衡分析为工具，考察劳动力市场对税率变动的反应(Hutton 和 Ruocco，1999)，以及企业所面临的税率变动对其劳动力需求的影响(Bohringer et al.，2005；Michaelis 和 Birk，2006；Dutta et al.，2004)。这些研究均认为增值税改革对企业雇佣行为的影响并不确定，它取决于增值税税率与其他所得税税率的相对关系、企业资本的初始存量以及经济发展的速度等诸因素。

聂辉华等(2009)在国内较早地基于微观层面的数据，运用面板双重差分(DID)模型，研究了增值税转型对雇佣行为的影响。研究发现，在控制了企业利润率和规模的影响后，增值税转型导致企业平均减少了 10%的雇员。刘璟、袁诚(2012)基于对聂辉华等(2009)的研究，关于样本期间及内生性问题对研究结论稳健性影响的质疑，将样本仅限定在试点区域内部，以试点企业为处理组，以非试点行业或试点行业中的非试点企业为控制组，并且将每一个行业单独划分出来进行研究。结果表明，东北地区的增值税改革试点从整体上显著地提高了试点企业劳动力的雇佣；并且，与聂辉华等(2009)的研究结论不同，企业并未出现增加固定资产投资而减少劳动力雇佣的情况，而是固定资产投资和劳动力投入均表现出增加。但其样本仅限于东北地区的企业，行业也仅限于重工业行业，因此其研究结论的代表性及普适性仍需进行更进一步的探讨。

（4）基于生命周期的研究。大量研究表明，企业的生命周期不仅受到企业的投资能力和创新能力的影响，政府宏观政策如产业、金融、投资、市场准入、税收政策等制度性因素也极大地影响着不同企业的生命周期。因此，杨震(2006)从企业的生命周期的视角，研究了增值税转型对不同生命周期企业的影响。研究发现，增值税转型对处于成长阶段企业的“增值税进项调增额/净利润”与正常企业的影响基本相同；对衰退阶段企业的政策优势高于一般企业；对垂死阶段企业的作用则非常有限。李嘉明、董来公(2005)在此基础上做了更进一步的研究，将生命周期的每个阶段划分为欠发育型、正常发育型和超常发育型来考察增值税转型对企业的影响。研究发现，处在孕育期的企业，增值税转型的影响会在正式经营后逐渐体现，最为直接的体现就是企业正式营运后，大量进项税金抵扣会带来相当数量的现金流入。特别是对规模较小的企业，会产生一种特殊现象，即增值税转型会刺激企业为实现设备进项税金的抵扣带来的好处，产生获得“一般纳税人”资格的积极性。对于求生存期的企业，政策影响不会太大。对于高速发展期的企业，政策转型对企业投资、融资等方面的影响都很大。对于成熟期的企业，转型的刺激则相对减弱，政策对企业的作用力也相对较弱。对于衰退期的企业，增值税转型要么刺激其进入蜕变期，要么加速其衰亡。对于蜕变期的企业，转型政策则犹如一剂强心针，企业会十分敏感；并且，企业规模越大，越容易发生蜕变。同时，研究发现，企业无论处在哪个阶段，超常发育类型的企业受转型政策的影响都最大。

3.3 融资约束相关的文献回顾

3.3.1 融资约束的基本理论

融资约束(Financing Constraints)是企业融资和投资决策的衔接点，也是影响二者的重要因素。融资约束的强弱关乎企业资本成本、利益相关者的行为决策，进而影响企业的经营成果和企业价值。融资约束理论的产生源于投资理论的发展和完善。在以新古典投资理论、Q 投资理论、加速器投资理论为代表的早期投资理论中，均假设外部资本市场是完美的，内源资金和外源资金是可以完全替代的。因此，投资行为仅决定于投资机会、资金的使用成本等实质性要素，而与企业的外部环境、融资方式和治理机制等因素无关。

随着 20 世纪 70 年代信息不对称理论的兴起，之前的假设被不断放松。由于信息不对称、道德风险和逆向选择的存在，导致企业各种融资方式不能完全替代，由此提出了融资约束问题。Myers（1984）、Myers 和 Majluf（1984）以及 Greenwald et al.（1984）的研究较早揭示了公司在权益融资过程中的逆向选择问题将导致权益融资成本远高于内部融资成本。Myers 和 Majluf（1984）提出了融资优序理论（Pecking Order Theory），他指出企业融资一般会遵循内源融资、债务融资、权益融资等先后顺序。

Chatelain（2002）将导致企业外部融资约束的市场不完美分为四类：一是债务融资会造成破产成本和监督成本，从而造成外部融资存在溢价；二是股利不能为负；三是发行新股的资金成本，相对企业内部资金也存在溢价；四是公司不可避免地面临信贷配给和新股发行配给，这会从资本成本和融资数量两个方面影响企业的融资约束。上述研究还指出，由于信息不对称的存在，经理人比股东更具信息优势，只有当公司的股价被高估时，他们才会发行新股。这样一方面可能会导致即便公司有较好的投资机会，经理人也不愿意通过发行新股来弥补内部资金的不足；另一方面，当外部投资者意识到这个问题时，他们为避免损失会要求一个相对较高的风险溢价。这两种结果都会导致企业面临融资约束。

Jaffee 和 Russell（1976）、Stiglitz 和 Weiss（1981）、Stiglitz 和 Weiss（1983）的研究也指出，当债务市场上信息不对称时，放款人无法区分借款人的品质，也会相应地要求较高的利率水平。由于“劣币驱逐良币”的效应，品质较好的借款人会退出市场，贷款人面临的违约率会相应提高，从而其预期利润会被降低，最终贷款人会设定一个较高的利率水平以达到贷款需求明显高于供给的状态。研究结果表明，在极端情况下，上述原因会导致即便借款人愿意支付市场平均利率水平的利息，仍然无法筹集到所需资金，即会出现“信贷配给”现象。同样，Jensen 和 Meckling(1976)也指出，由于股东和债权人在收益的获取和破产风险承担方面的非对称性，债权人有强烈的动机要求较高的回报率，也会导致外部融资成本高于内部资金成本。

此外，Myers(1977)、Hennessy(2004)、Hennessy et al.(2007)从债务悬置效应(Debt Overhang Effect)的角度深入分析了内外部融资成本的差异。由于债权人具有的“优先求偿权”，企业放弃净现值为正但不足以还本付息的项目，这会导致企业负债越高越有可能表现出投资不足。这同时也可以解释为何负债率不高的企业在有好的投资机会时，企业在融资时不会首选债务融资。

3.3.2 融资约束的衡量

由于融资约束的提出只是基本理论逻辑推理的结果，在实证研究中如何对其衡量，学术界展开了诸多尝试和讨论。由于每种方法都有各自的优缺点，所以至今为止，关于融资约束的衡量仍然没有统一的标准。

(1) 投资—现金流敏感性。此类方法是以信息不对称理论为理论基础，从影响投资行为的财务因素角度去考虑融资约束的衡量。Fazzari et al.(1988)最早按一些先验指标(如股利支付、规模等)对样本进行分类，然后基于 Q 模型考察样本的投资—现金流敏感性，从而检验样本的融资约束。Fazzari et al.(1988)根据股利支付率将 421 家美国企业分为 3 组。实证结果表明，融资约束较为严重的企业投资—现金流敏感系数较高。随后一系列相关研究得到了类似的结论。Hoshi et al.(1991)利用日本公司的数据分析了公司的投资与流动性约束问题。他们把样本公司分成拥有主办银行的系列公司和没有主办银行的独立公司，其研究认为主办银行的存在既能缓解代理和信息不对称问题，降低外部融资成本，也能够为同一系列的公司提供融资。而独立公司与银行之间的关系较弱，受到流动性约束的可能较大。实证结果表明，与系列公司相比，独立公司的投资—现金流敏感性确实更高。此外，Shin 和 Park(1999)、Chapman et al.(1996)、Goergen 和 Renneboog(2001)等分别利用韩国、澳大利亚、英国企业的数据研究了投资—现金流敏感性，其研究结果均表明投资—

现金流的敏感性与融资约束存在一定的关系。

在国内，魏锋、刘星(2004)用投资—现金流敏感性验证了融资约束在中国的存在。当其进一步探析融资约束、不确定性和公司投资行为之间的联系时发现，融资约束在一定程度上减轻了不确定性对公司投资的影响。郭丽虹、马文杰(2009)通过比较融资约束不同企业的投资—现金流量敏感性的关系，检验了投资—现金流敏感性对融资约束的测度在中国的适用性。当结合产权特征、Tobin'Q 以及贷款利率等因素，运用 GMM 方法对动态面板数据模型的估计发现，随着融资约束程度的加深，投资—现金流敏感性增加了，从而验证了投资—现金流敏感性对融资约束测度的适用性。周宏等(2012)以 2005 年我国股权分置改革为背景，通过利用 Logistic 二元回归及对投资—现金流敏感度的测试，验证了股权分置改革对我国上市公司融资约束的改善。

与上述研究不同，连玉君、程建(2007)基于中国资本市场不发达的背景，重新修正了 Tobin'Q 的衡量偏误，重新检验了中国上市公司的投资—现金流敏感性。其研究结果表明，在控制了 Tobin'Q 的衡量偏误影响后，投资支出与现金流之间的敏感性仍然非常显著。但与大多数研究发现不一样，其研究指出，融资约束程度较轻的企业倾向于过度投资，现金流敏感性的主要原因是代理问题；而融资约束较为严重的企业则因为信息不对称导致的现金流敏感，表现出投资不足的现象。罗琦、张克中(2007)为了检验企业中的融资约束与代理冲突，对现金持有与投资—现金流敏感性之间的关系进行了测试。研究发现，过度投资与融资约束会增加企业投资—现金流敏感性。规模较大的地方国企和民营企业存在过度投资，现金持有具有较为明显的“壕沟效应”，会在很大程度上提高投资—现金流敏感性。而中小规模的国有企业由于所面临的融资约束较为严重，出于预防动机，现金持有量相对较多，反而降低了投资—现金流敏感度。

(2) 单指标衡量。基于信息不对称理论，研究者选择了一些能够反映信息不对称衡量融资约束比较具有代表性的单指标，比如股利支付率。研究者认为，在外部融资成本明显高于内部融资成本的情况下，对于有良好投资机会的公司来说，支付大量的股利是不符合利润最大化原则的，Fazzari et al.

(1988)、Hubbard 和 Palia(1995)即采用这种方法。公司规模也常用作融资约束的分组变量，其依据是小规模公司成立时间短、抵押品较小，相对大公司而言外部融资能力较差，破产风险更大。Gertler 和 Hubbard(1993)、Harris 和 Marston(1994)的实证研究也确实表明，小规模公司比大规模公司而言表现出更强的投资—现金流敏感性。Kashyap 和 Stein(1994)将现金持有量选为衡量融资约束的指标，认为这类公司可能用这些现金来进行投资。除此之外，Gilchrist 和 Himmelberg (1995) 曾用信债券信用评级和是否进入债券市场，Schaller(1993)用公司年龄及所有权的分散度来衡量融资约束。

(3) 多指标衡量。鉴于融资约束是多种因素综合作用的结果，使用单一指标难以全面地反映这些信息。以 Kaplan 和 Zingales(1997)、Cleary(1999)为代表的研究，采用了多元判别法，构造相关的指数对融资约束进行评价。Kanplan 和 Zingales(1997)依据公司年报和相关财务报道，将企业融资约束程度分为五类①，并将现金存(流)量比率、Tobin'Q 值、股利支付比率、资产负债比率等指标对上述定性指标进行回归，从而构造融资约束指标。类似地，Hu 和 Schiantarelli(1998)为融资约束设定一定的状态，在控制了宏观因素后，用公司规模、资产负债率、现金持有量等财务指标对状态变量进行回归估计。

Cleary(1999)采用多元判别法分析得到公司融资约束的衡量指标 Z-scroe 值。针对我国的制度背景，况学文等(2010)也采用多元判别法和 Logistic 回归模型，构建了 LFC 和 DFC 两个指数衡量公司的融资约束，运用投资—现金流敏感性检验了对两个指数的判别能力。研究表明，无论是以 LFC 指数还是以 DFC 指数为衡量标准，融资约束程度强的公司，投资—现金流敏感性均高于融资约束程度低的公司。投资—现金流敏感性比 Q 投资模型能更好地解释上

---

① 第一类公司为无融资约束公司(NFC)：公司能维持或有增长的现金流，有回购股票的行为或者相关报告中有明确的暗示，公司所持有的固定资产超过在可预见的未来所需要的固定资产。第二类为很可能不存在融资约束的公司(LNFC)：公司有一个很健康的财务状况，没有任何存在融资约束的提示。第三类为可能存在也可能不存在融资约束的公司(PFC)：公司没有报告任何存在融资约束的信息，也没有报告任何与流动性有关的信息。第四类为可能存在融资约束的公司(LFC)：公司报告了融资困难的信息。第五类为毫无疑问存在融资约束的公司(FC)：公司负债很高，明确报告因为流动性而削减必要的投资。

市公司的投资行为。

李延喜等(2007)同样运用主成分分析法构建了衡量融资约束的指标，以验证融资约束对投资支出的影响，分析在内部现金流量和投资机会发生变化时投资—融资约束敏感性的变化。实证研究结果表明，融资约束对投资具有制约作用，公司面临的融资约束程度越高，投资支出就越小；投资机会和现金流量对融资约束的制约有影响，Tobin'Q 大于 1 以及内部现金流量小于零的企业投资—融资约束敏感性更弱。

上述三种方法都是在 Q 理论的基础上发展起来的。在实证上以 Fazzari et al. (1988) 为代表的以投资—现金流敏感性作为衡量融资约束的方法和 Kaplan 和 Zingales(1997)、Cleary(1999)为代表的主成分分析法的争论中，关于融资约束的衡量，研究者们始终未能取得一致的意见。

(4) 基于欧拉方程的检验。鉴于以 Q 模型为基础的检验方法的缺陷，Hubbard 和 Kashyap(1992)、Whited(1992)等一系列研究转向了基于欧拉方程对融资约束进行衡量的研究。二者的区别在于，基于 Q 模型的方法检验的是投资的边际条件，而基于欧拉方程检验的是资本存量的边际条件。Whited (1992)指出，虽然欧拉方程可以避免投资机会的衡量偏误问题，但因其在估计过程中通常会采用工具变量和 GMM 估计法，容易导致欧拉方程的设定偏误。而且，当融资约束不随时间发生变化时，基于欧拉方程的检验很难识别出融资约束的存在(Zeldes，1989)。

3.3.3 融资约束对企业财务行为的影响研究

(1) 基于现金持有的研究。Chang et al. (2007)在研究澳大利亚公司的流动性管理时发现，融资约束显著地增加了公司现金持有对现金流的敏感性。此外，研究还发现当公司的现金流小于零时，融资约束产生的影响会更大。Campello et al. (2010)通过问卷调查的方式，研究了金融危机后欧洲、美国和亚洲等企业的融资约束状况。研究发现，融资约束使公司在金融危机期间不得不减少研发投入、雇员及资本支出。进一步研究发现融资约束程度较高的企业为保持相对宽裕的财务弹性，现金持有量更大，并且还放弃了很多具有吸引力的项目。万小勇、顾乃康(2011)基于门槛回归模型，研究了融资约束对现金及超额现金持有与企业价值的关系并进行实证检验。研究结果发现，现金以及超额现金持有与企业价值之间均存在显著的门槛效应。研究还发现，在融资约束较强的企业，现金及超额现金的账面价值会低于市场价值，而在融资约束较弱的企业，现金及超额现金的账面价值则显著地高于市场价值。研究结果支持了融资约束理论和代理理论，对于融资约束程度较高的企业而言，其持有现金能够更好地抓住投资机会，现金持有对企业价值具有正向影响；而对于融资约束程度较低的企业而言，代理问题较为严重，现金持有与企业价值则呈现负相关性。

（2）基于产权特征、高管背景视角的研究。郑江淮等(2001)从股权结构、政府干预的角度，对上市公司后续投资的融资约束状态进行了研究，研究认为政府介入增加了投资者与企业之间的不对称程度，国家股权重较低的上市公司没有表现出非常严重的外源融资约束，而国家股权重高的公司反而面临较为严重的外源融资约束。罗党论、甄明丽(2008)以中国民营上市公司2002—2005年的相关数据为样本，实证验证了我国民营企业的政治关系对缓解融资约束的作用。研究发现，相对于没有政治关联的民营企业来说，拥有政治关联的民营企业所受的外部融资约束更少。邓建平、曾勇(2011)从民营上市公司高管金融关联的角度，研究了其对民营企业融资约束的影响。研究不仅发现了47.8%的民营企业存在金融关联的现象，还发现了金融关联对融资约束的缓解作用。进一步研究发现，在中国制度背景下，民营企业的金融关联对融资约束的缓解作用强于政治关联所产生的作用。

（3）基于宏观经济因素方面的研究。Korajczyk和Levy(2003)将企业按照融资约束程度分为两类，研究其财务杠杆率与经济周期的关系。研究发现，不存在融资约束企业的目标财务杠杆率呈逆周期变化，宏观经济状况对这类公司的融资方式选择是显著的，也就是说，不存在融资约束的公司能够遵循宏观经济周期的变化择时选择融资方式。而存在融资约束企业的财务杠杆率则呈顺周期变化，这类企业在融资方式的选择上会明显背离目标资本结构，这类公司只能依据它们能获得资金的方式来安排其资本结构。Levy和

Hennessy(2007)通过建立一般均衡模型来研究企业融资方式随商业周期变化所发生的改变，研究发现融资约束较低的企业表现出了周期性财务杠杆变化。具体而言，在经济繁荣时期，管理者财富的增加能够缓解风险的分担，促使权益融资向债务融资的转换，几乎所有企业都表现出“金融加速器”效应；在经济紧缩时期，为了保持管理者权益份额，企业会把债务融资替换成权益融资。Atanasova 和 Wilson(2004)将企业分为存在融资约束和不存在融资约束两类，研究了英国货币政策传导机制和中小公司银行信贷对企业的影响。研究发现，经济衰退期存在融资约束企业的比例会明显升高，企业的资产作为抵押品在缓解融资约束方面起到了重要作用，在货币紧缩时期银行信贷供给减少，但企业对银行贷款的需求量却增了，为了应对信贷配给，小企业会增加对商业信用的依赖。

于蔚等(2012)从融资约束的角度，探讨了我国在经济转型背景下宏观因素的冲击对上市公司融资决策及资本结构调整行为的影响。文章用信贷规模、股权扩容规模、贷款利率、股票市场整体收益率来度量宏观因素。研究不仅发现在资金供给方面，信贷市场以及股权再融资市场上，容量性指标与成本性指标的变动对上市公司的股权、债权融资的选择有重要影响；进一步研究表明，宏观因素的冲击因企业融资约束程度的差异存在异质性。融资约束程度高的企业，资本结构的调整容易更多地受到容量性指标的刚性约束；融资约束程度低的企业对成本性指标的变动更加敏感。李科、徐龙炳(2011)利用短期融资券推出的政策背景，从金融创新的视角，运用“分配金融资源”的理论观点，研究了其对公司融资约束的影响变化、对公司经营业绩的影响。其结论表明，金融发展能够更加有效地分配资金资源，减少公司的融资约束，增加公司的业绩。韩忠雪、周婷婷(2011)利用我国制造业上市公司2001—2007年的数据，实证分析了产品市场竞争对企业现金持有水平的综合影响。研究结果表明，在考虑融资约束的情况下，产品市场竞争对企业现金持有的掠夺风险与代理成本两种竞争效应该被有效区分开。融资约束较高的企业表现出显著的掠夺风险效应，融资约束较低的企业则表现出显著的代理成本效应。

(4) 对出口行为的研究。Chaney(2005)探析了流动性约束对出口沉没成本的影响，研究表明，只有流动性约束相对较小的企业才可能降低沉没成本对企业造成的影响，从而成为出口企业。于洪霞等(2011)用企业的应收账款相对比例作为衡量企业所面临的融资约束的代理变量，研究融资约束对企业出口的行为的影响，研究发现融资约束影响了我国企业出口固定成本，从而制约了企业的出口能力。阳佳余(2012)构造了包括内源融资、商业信贷及企业信用特征等变量的融资约束综合指标。利用2000—2007年工业企业数据研究表明，企业融资状况的改善对企业出口的概率及规模都有重要影响。研究还发现，融资约束的改善对外资企业出口影响最大；与国企相比，非国企虽然面临的融资约束更强，但其出口并未表现得更差；融资约束的改善对外源融资依赖程度较高行业的出口促进作用更大。

(5) 其他与融资约束和财务行为有关的研究。石晓军、张顺明(2010)检验了商业信用不仅能够缓解融资约束，还能通过融资约束的缓解促进企业规模效率的提高，通过资源配置实现比银行借款更大的规模效率。屈文洲等(2011)运用市场微观结构理论中的信息不对称指标PIN值衡量融资约束。研究发现，信息不对称水平与公司的投资支出呈负相关关系。研究还发现，信息不对称程度较高的公司，投资—现金流敏感性也较高，并且由信息不对称导致的融资约束与投资—现金流敏感性的关系并不是线性的。

3.4 冗员相关的文献回顾

资本和劳动是企业生产经营最基本和最重要的两大生产要素。其中“人”的因素对企业价值的转化和效率的提升起着至关重要的作用。资源的合理配置不仅指物质资源的配置，也包括人力资源的配置。企业冗员的存在不仅增加了企业的运营成本，影响资源的配置效率，而且也影响着企业的长期绩效。目前对于企业冗员的研究大多是从产生冗员的原因和经济后果两个方面展开的。

3.4.1 冗员产生的原因

3.4.1.1 政府干预

LLSV(2000)曾指出，制度因素对于企业的经营活动存在着深刻的影响，而政府干预是企业生存发展过程中不得不面临的制度性因素。充分就业作为国家宏观经济调控的四大目标之一，促使政府有动机、有能力通过行政干预的手段对企业施加就业的压力，从而造成企业的雇员超过了利润最大化目标下的雇员数，产生企业超额雇佣的现象。国内外已有大量的文献对政府为解决社会就业，利用行政手段对企业施加政治压力而导致企业产生超额雇佣行为的现象进行了研究。Frydman et al. (1998)的研究表明，企业会迫于政治压力减少裁员。Shleifer 和 Vishny(1994)的研究也指出，政府干预是导致国有企业低效率的原因之一，表现最为突出的就是企业迫于政治压力，雇用了超过企业正常运转所需求的员工，导致资源配置的扭曲和低效。

20 世纪 50 年代，我国在国民经济发展战略中实行优先推行重工业。但中国作为一个农业经济占主导地位的国家，资本稀缺、劳动力相对富余，这些重工业企业在开放和充满竞争的市场环境下缺乏自生能力，很容易导致企业出现隐性失业①问题。此外，重工业属于资本密集型行业，其吸收就业的能力本来就相对有限，而政府却常常为解决就业问题要求国有企业雇佣过多的人员(Lin et al.，1998；Lin 和 Tan，1999)。在经济体制改革后，国有企业利润的核算以及与国家之间分配方式发生了巨大变化，工人工资和退休金的支出由国家统管变为了企业自己的责任。另外，政府为维护社会稳定不允许国企淘汰冗员或者对国企裁员有着严格的控制和规定，从而导致国有企业承担了更多的冗员(林毅夫、李志赟，2004)。Boycko et al. (1996)的研究曾指出，在国有企业，政府官员的代理问题往往比经理人员的代理问题更严重。国企改

① 隐性失业是由经济学家琼·罗宾逊首先提出的。他在研究中发现，发达国家 20 世纪 30 年代经济大萧条时期大批的熟练工人不得不从事非熟练工作，导致生产率远低于潜在的生产率。因此存在一种隐蔽的劳动潜力现象。在此基础上，经济学家阿马蒂亚·森进一步把劳动和劳动力区别开来，他认为隐性失业的产生，并非在生产过程中花费了过多的劳动，而是在此过程使用了过多的劳动力。隐性失业通常表现为每人工作较短时间的形式，导致劳动力的边际生产力在一个相当大范围内为零。

革的成败不仅在于对经理人员的激励和约束水平的提高，更在于如何规范政府的行为，减少政府干预，降低国有企业承担的政策性负担。

3.4.1.2 产权性质

既然超额雇佣现象与政府干预密切相关，产权性质对冗员现象的影响就更加引起了学者们的关注。必须承认的是，政府干预对国有企业和非国有企业的成本是有差异的。Boycko et al.(1996)研究认为，出于政治利益的考虑，政府有动机使国有企业和非国有企业都超额雇佣，但是当运用行政手段进行操控时，政府必须权衡其成本和收益。对于国有企业而言，政府可以得到因为干预而带来的全部收益，而几乎不用承担由此对企业生产经营所形成的任何直接或间接的成本。对非国有企业而言，由于其产权性质使政府干预的成本变得更为高昂，政府会主动降低其干预程度，从而使非国有企业减少了超额雇员。因此，由于干预成本存在差异，国有企业的冗员程度高于非国有企业，产权的私有化能够有效遏制企业的超额雇佣行为(La Porta et al.，1997；Ramamurti，1997；Dewenter 和 Malatesta，2001)。

同时，Shirley et al.(2000)也发现，虽然相对非国有企业而言，政府干预国有企业的成本较为低廉，但政府官员为实现其政治目标，在干预过程中对所干预的目标企业仍有选择，其需要考虑的条件主要包括预算及管制被操控的容易程度、政治市场不完全的程度(如新闻的独立性)、国有企业低效率的机会成本、政府与企业的法律关系以及腐败程度等。

Dewenter 和 Malatesta(2001)运用国有企业产权改革前后相关指标变化的时间序列数据，对 Boycko et al.(1996)提出的理论模型进行了验证，其结果表明雇员数量与销售收入比、雇员数量与资产之比，国有企业均高于非国有企业。研究还发现，相对国有企业，非国有企业能够有效降低企业的劳动密集度。

Belser et al.(2001)从国有企业承担的多重目标角度对冗员问题进行了研究。他们调查了越南 338 家企业冗员的情况，调研结果发现，当国有股的比重增加到一定程度后，企业经营的利润动机则会在一定程度上被弱化，变得不再那么重要。与合资企业、私营企业相比，国有资本全额控股企业的雇员水平表现出较高的状态。这表明产权性质会对企业的雇佣行为产生重要的影响，国有企业更容易受到政府干预而产生超额雇佣行为。Donahue(1989)研究也显示，美国公共公司所提供的市政服务中，在一定的产出水平上，公共公司相对于私有企业多雇用了20%~30%的雇员。刘磊等(2004)的调查研究结果显示，企业国有股的比例与企业的冗员程度呈正相关，国有股比例越大，企业的冗员越多，从统计的角度，冗员比例可以成为度量国企政策性负担的一项主要指标。曾庆生、陈信元(2006)研究也表明，在国有企业中，国资部门控股公司的冗员最多、劳动力成本最高。相对其他公司而言，该类公司上市后继续超额雇佣的行为更为严重，说明冗员的产生和发展与企业产权性质有密不可分的关系。

3.4.1.3 历史的原因

大多数研究认为，我国国有企业冗员是历史原因造成的。林毅夫等(1997)指出，在新中国成立后的30余年里，为了与整个计划经济体制相协调，我国对劳动力的分配机制基本上复制了苏联的计划体制。Lin et al.(1998)、Lin和Tan(1999)指出在传统计划体制下，安排城市劳动力就业是政府必须承担的一项重要职责，地方政府为完成其就业任务导致国有企业承担了大量的冗余雇员。曾庆生、陈信元(2006)也曾指出国有企业的超额雇员可能是源自上市之前的历史遗留。与上述研究不同，Dong和Putterman(2001)的研究指出国企的冗余雇员问题并非历史原因造成的。研究指出，1992年前我国国有企业的员工雇佣状况是雇佣不足，并不存在超额雇佣，但从1993年开始，国有企业的冗余雇员迅速增加。究其原因是由于随着市场经济的不断壮大和发展，政府对产品市场及劳动力市场的垄断力均在不断下降，而国有企业没有能够适时地、有效地进行自我调整以适应外部环境的变化，从而在20世纪90年代初出现大量冗员。其研究还进一步指出，90年代初期，随着经济体制改革的不断深化，国有企业可获得的资金较计划经济时代大幅减少、政府对裁员又加以限制、非国有企业工资不断提高、产品市场竞争也在不断加剧，这些原因均会导致国有企业的非劳动投入呈下降趋势，进而导致国有企业出现了大量冗员并不断加剧的情况。

3.4.2 冗员的经济后果

（1）公司业绩方面。Xu 和 Wang(2005)从企业雇佣行为的角度研究了代理问题及政府管制对企业经营业绩的影响，研究结果表明，减少政府干预，增加企业对雇佣行为的自主安排权限，能够显著提高企业的经营绩效。Li 和 Liang(1998)发现导致国有企业亏损的一个重要原因是冗员和隐性失业的存在，但是国有企业在亏损后并无减员的行为。薛云奎、白云霞(2008)从区域的角度进一步考察了企业的超额雇佣行为，发现失业率较高地区的国有企业拥有更多的超额雇员，冗员的存在对国企的绩效产生了显著的负面效应。曾庆生、陈信元(2006)，曾庆生(2007)比较系统地研究了冗员对国有企业产生的影响，并从产权角度考察冗员对企业绩效的影响。研究发现，国有企业比非国企雇用了更多的员工，冗员的存在和国有企业的高工资率共同导致了国有企业比非国有企业承担了更高的劳动力成本。与上述研究结果不同，薛云奎、白云霞（2008)发现国有企业的冗员显著降低了国有企业高管的平均薪酬，也降低了高管薪酬与业绩之间的敏感性，冗员并未使企业承担更多的劳动力成本。

曾庆生(2007)研究表明，公司上市时大股东集团超额雇员与公司上市后三年的经营业绩呈显著的负相关关系。Xu 和 Wang(2005)以 1997 年和 1998 年第 1 季度我国工业类国有企业的调查数据为研究样本，研究了高管是否具有裁员的自由对国有企业业绩的影响。研究发现，国企高管在裁员方面所拥有的适度弹性越大，企业业绩提高的程度也越高，二者之间的关系不仅显著为正而且系数也较大。

（2）税收和财政补贴。虽然理论和实证研究均表明，作为政府干预的结果，超额雇佣行为从总体上会损害企业的效率，影响企业的业绩，但是企业是不是只是迫于政府干预的压力承担冗员？会不会在与政府博弈的过程中，以其承担的政治诉求、承担的冗员负担为筹码从政府手中获取一定好处呢？答案是肯定的。Xu 和 Wang(2005)、Li 和 Liang(1998)的研究指出，政府官员有动机为了实现政治上的目标，通过国企进行政治上有意义而经济上无效率的项目并对其实施补贴。Lin 和 Tan(1999)的研究同样指出，由于重工业行业的企业吸收就业的能力有限，政府又对企业的裁员进行限制，这些承担了过多冗员的企业则会相应地向政府提出包括获取税收减免、低息贷款、关税保护等收益的要求。陈冬华(2002)也发现，公司雇员越多，获取的政府补贴越多。薛云奎、白云霞(2008)的研究也指出，政府会为冗员负担较重的企业给予更多的财政补贴，作为其承担政策性负担的补偿。冗员的存在不利于国有企业参与市场竞争，缺乏竞争力，政府会对承担冗员较多的企业给予多种政府补贴、政策性优惠。例如，可以通过国家控股的银行系统将社会储蓄的资源优先分配给这类型的企业；通过行业管制，限制其他企业进入相关行业；也可以直接对企业给予政府性补贴，包括财政补贴(如各类贴息)、出口类补贴收入、软件类补贴等手段。曹书军等(2009)以2003—2006年制造业企业为样本，对实际税负与企业雇佣行为之间的关系进行了考察，研究结果表明，企业雇员的绝对规模、相对规模以及增量规模均与企业的实际税负负相关，并且冗员水平越高，实际税负会越低。

(3)其他方面。曾庆生(2007)从代理成本的角度出发，以1999—2002年国有企业为样本，研究了冗员与代理成本的关系，进而对公司价值造成的影响。研究发现，存在冗员的公司比其他公司承担了更高的权益代理成本，并且资本市场也会对此产生反应——市场对存在冗员的股票有折价的反应。研究指出，由于信息不对称的存在，公司内部的人会通过在职消费等方式最大化自身利益，当国有企业因为政府干预承担社会性负担时，管理者会将经营性亏损或经营的低效率归咎于其承担的社会性负担。也就是说，超额雇佣现象同样会加剧企业的代理问题，对于国有企业而言，这也是导致其预算软约束的原因之一。宋浩、王伟(2012)从高管薪酬的角度研究了企业的冗员问题。在对2003—2008年国有企业和非国有上市公司的高管薪酬和雇员人数进行配对研究后发现，中国上市公司中的国有企业比非国有企业支付了更低的高管平均薪酬，同时国有企业比非国有企业雇用了更多的员工。

3.5 增值税转型影响企业财务行为的理论分析

增值税转型的政策能否实现调整企业的财务行为，最终改变企业经济产出的目标，本书从对融资约束和投资行为两个方面的影响进行分析。

3.5.1 增值税转型影响融资约束的理论分析

以新古典投资理论、加速器投资理论为代表的早期投资理论都有一个共同的假设，那就是资本市场的完美性。然而由于信息不对称导致的逆向选择和道德风险使现实中的市场不再完美，无论是权益融资还是债务融资，内外部资金将不再能相互替代（Myers，1984；Myers 和 Majluf，1984；Greenwald et al.，1984；Jaffee 和 Russell，1976；Stiglitz 和 Weiss，1981；Stiglitz 和 Weiss，1983）。关于融资约束的经典文献 Fazzari et al.（1988）将融资约束理解为：融资约束的存在是由于市场缺陷导致的外部资金成本高于内部资金，从而内外部资金不能相互替代而使投资行为受到制约的现象，这种受制约的程度反映出公司的融资约束程度。

融资约束的产生是因为内外部资金的价格差异，进而影响到融资数量及最终的资本成本，因此，企业在约束条件下的融资过程中，对不同的资金类别不会采取一视同仁的做法。Myers 和 Majluf（1984）基于此提出了融资优序理论。该理论认为，当企业需要融资时，企业会首先选取内部资金，即留存收益部分；在内部资金不能满足需求的情况下，才会进一步考虑外部资金，在外部资金中又会先采用债务融资，次之的选择才是股权融资。Guariglia（2008）在此理论基础上，将融资约束分为内部融资约束和外部融资约束。内部融资约束是指内部资金的可得性；而外部融资约束则被界定为进入外部资金市场进行融资的可能性和现实性。

其实无论是内部融资约束还是外部融资约束，信息不对称最终会形成两股力量来影响融资约束：一是资金成本，二是资金的数量。当然这两股力量不仅会单独起作用，更多的影响还是来自二者所产生的交互效应。

从资金成本面临的约束来看，信息不对称会导致外部资金供给者为保障自己的权益，增加信息搜寻的成本，进而要求提高资本的回报率，产生相应的溢价，并将这种溢价最终转嫁到资金使用者身上，导致投资成本增加，可能会造成一些本来净现值为正的投资项目变得不再可行。但是，资金成本的大幅溢价，同时也是企业财务风险增大的标志。过高的资金成本会因为逆向选择产生“劣币驱逐良币”的效应，使优质的资金供应者退出市场，造成资金的供给总量下降，使资金需求方面临资金数量上的约束，这种情况的极端表现就是产生信贷配给(Credit Rationing)现象。研究表明，融资数量方面面临的约束同样会造成原来净现值为正的投资项目不再可行(Jaffee 和 Russell, 1976；Stiglitz 和 Weiss，1981；Stiglitz 和 Weiss，1983；Bond 和 Meghir，1994；Almeida et al.，2004；Almeida 和 Campello，2001)。并且，上述研究也认为，企业资金的初始禀赋对缓解这种内外摩擦的情况有很大的作用，这也间接地证明了企业的内部积累对融资约束缓解的重要作用。

税收对厂商行为和绩效的影响是十分复杂的(聂辉华等，2009)。增值税转型会对企业的融资约束产生什么样的影响呢？本书试图基于融资约束的成因从以下三个方面进行剖析：

(1) 增值税转型对企业现金流的影响分析。

增值税基于法定税基的不同分为生产型、收入型和消费型。三种类型的计税方式会对企业的现金流产生什么样的影响，本书通过建立经营现金流出额与增值税类型之间的一个简单模型进行分析：

$$Cash = k_i f(x) \tag{3-1}$$

式中，$Cash$ 代表经营现金流出，k_i代表增值税的税基，$f(x)$代表固定资产投资价值。

增值税中的增值额理论上应为商品价值(C+V+M)中的(V+M)部分，C 是扣除部分。但出于政策目标的需要和征管水平的限制，实践中对增值额的计算由于对扣除项目认定的不同，形成了三种类型的增值税，同时也造成了三类增值税税基的差异。其中生产型增值税由于不允许扣除资本品价值，税基大于 V+M；收入型增值税由于允许扣除当期转移资本品价值，税基基本等于

V+M；消费型增值税由于允许扣除当期购进全部资本品的价值，税基会小于理论上的 V+M。因此模型(3-1)中的斜率 k_i 大小依次为生产型、收入型和消费型，如图 3-1 所示：

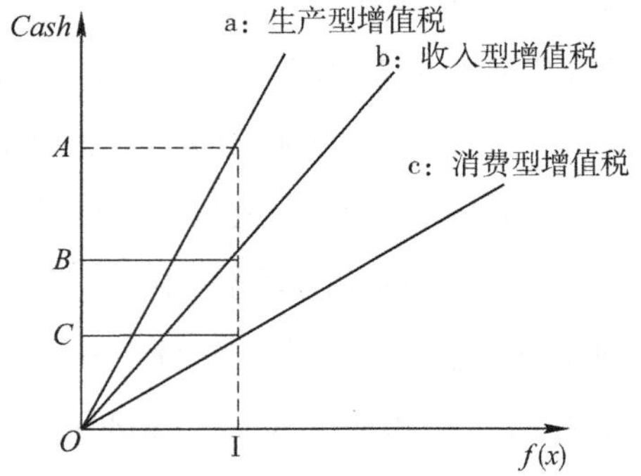

图 3-1　三类增值税与现金流关系

从图 3-1 中我们可以看到，当投入相同价值的固定资产 I 时，由于税基差异会导致支付税费的现金流的差异，从而造成经营现金流出的不同。具体来说，生产型增值税产生的经营现金流出额最多(A 点)，收入型居中(B 点)，消费型最少(C 点)。因此，增值税从生产型转为消费型减少了企业的经营现金流出，相当于增加了企业的可支配收入，减少了对外部资金的依赖，从而缓解了企业的融资约束。

（2）增值税转型对企业折旧的影响分析。

增值税由生产型转为消费型后，从会计计量的角度购进固定资产的原值就不再含进项税部分，当期折旧计提的基数相对于生产型会减少。这会产生两个方面的影响，一方面是从利润核算的角度看，折旧的减少会直接增加净利润，增加留存收益；另一方面折旧的减少会降低折旧的“税盾”效应。假设因转型变化带来的当期折旧减少为 Δd，所得税税率为 t，那么因折旧减少给净利润带来的净效应为增加 $\Delta d(1-t)$。净利润的增加不仅增加了企业的内部积累，而且减少了对外部资金的依赖，从而可以缓解企业的融资约束。

（3）增值税转型对融资约束的影响分析——基于利益相关者与信号传递理论。

Blair(1995)指出，在现代社会中，公司并非实物资产的简单集合，而是一种法律框架结构，其作用在于治理所有在企业财富创造活动做出特殊投资的主体间的相互关系。也就是说，企业在面临自身决策时会受到来自企业内部和外部各种环境因素和利益主体的影响。公司生存和发展的过程其实是一个对宏观环境的适应过程和与利益相关者市场博弈过程的逻辑相乘的结果。企业在生存和发展过程中，一方面，会不可避免地面临政治、经济、法律、制度的变迁，作为这些制度变迁后果的承受者，必须积极地调整自身行为以适应这些变革；另一方面，企业在经营过程中还会面对若干外部利益相关者，如潜在投资者、债权人、供应商等，利益相关者是对企业的方针和政策能够施加影响的所有集团(Frederick，1998)，利益相关者之间的契约是双方市场博弈的结果。因此，企业的决策行为不得不在这样的双重约束条件下进行。

当从这个角度分析增值税转型给企业带来的影响时，我们可以看到(见图3-2)，从宏观环境层面上，增值税转型会为企业营造一个良好的投融资环境，优化产业结构，为企业融资约束的改善提供一个优质的外部环境。

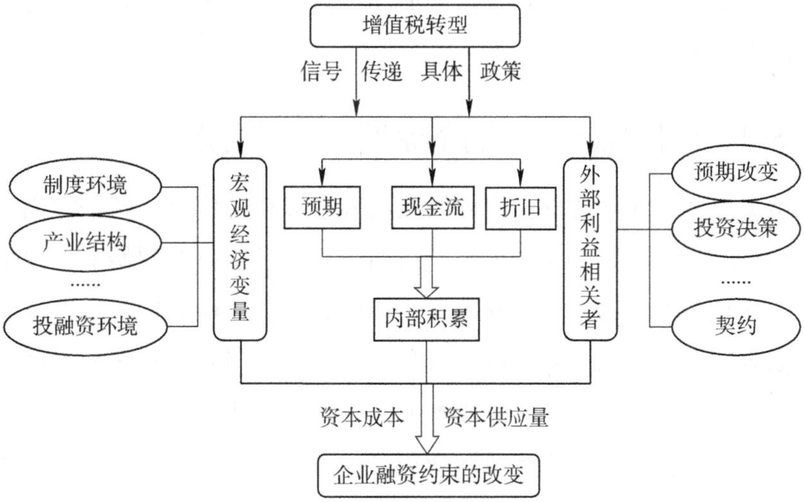

图 3-2　增值税对企业融资约束的影响路径分析

从利益相关者的角度来看，既然其行为能够影响企业的决策，同样，企业生产经营状况的变量也是它行动策略的考量因素。如前文所述，增值税转型会增加企业的现金流，增加企业的净利润，改善企业的内部积累，这会对外部利益相关者产生以下三个方面的影响：第一，为获取外部融资增加了谈判的筹码，使投资者的收益更有保障，降低其投资风险，从而使签订成本更为低廉的契约成为可能。第二，企业经营状况改善，获利能力提升，客观上也会减少投资者和债权人的监督成本，使他们要求的风险报酬有所降低。第三，从信号传递的角度，这些变量无疑也都向外部利益相关者传递了正面的信息。债权人和潜在投资者会重新识别风险、评估收益、调整预期、改变原有的行为决策，增加资金供应或降低资本成本或二者兼有之，从外部融资的角度改善企业的融资约束程度。

综上所述，如图 3-2 所示，增值税转型能够从至少三个维度影响企业的融资约束。一是从宏观环境方面改善投融资环境，优化企业的生态环境。二是通过对经营现金流、折旧和对未来预期的影响，改善企业的内部积累，为企业从根本上减少对外部资金的依赖提供了可能。三是通过内部积累的增加、未来预期的乐观，向外部资金供应者传递了良好的信息，使其改变自身的行为决策，从资金供应的数量和价格方面降低内外资金不可替代的摩擦，缓解企业的融资约束。

3.5.2 增值税转型影响企业投资的理论分析

从微观经济学的角度，我们可以从收入效应和替代效应两个方面来分析税收对投资的刺激。如图 3-3 所示，我们可以假设企业在初始资金禀赋的约束下，只存在两类支出：投资和消费。如前文所述，增值税转型带来的微观效应是固定资产购入的进项税可以抵扣，相当于投资对消费的相对成本发生了改变，即投资成本下降而消费成本上升。预算线从 *AB* 外移到 *AC*，这会同时带来两种效应：替代效应和收入效应。一方面，减税引起的投资成本下降会提高投资的吸引力，促使企业用投资来替代部分消费，即 *EF* 段的增量效应；另一方面，投资价格的下降会提高企业的实际购买力，使企业有能力在保持其他消费不变的前提下增加投资，即 *FG* 的增量，两种效应共同作用的结果是使投资从 *E* 点扩大到 *G* 点。

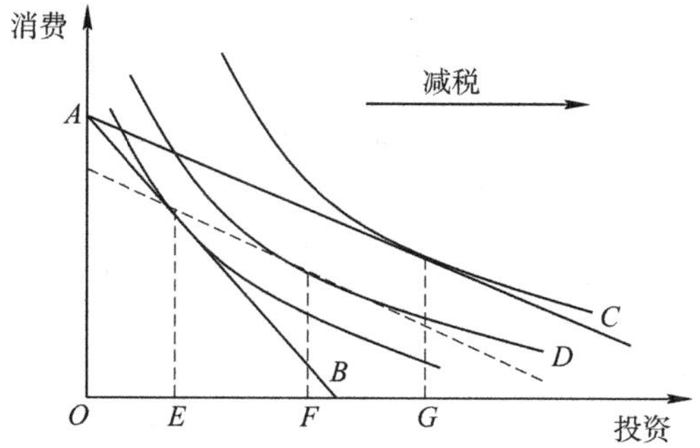

图 3-3 税收对企业投资效应分析

税收对商品供求发挥调节作用还取决于商品本身价格的弹性。固定资产投资价格高、资金需求量大，属于价格弹性较高的商品，投资数量对价格的变动会比较敏感。增值税由生产型转为消费型，由减税效应带来的实际购买价格的降低，会对投资的数量起到比较大的刺激和推动作用。

4 增值税转型对企业融资约束的影响

4.1 问题的提出

税收政策不仅肩负着国家宏观经济调控的重要职能，也是影响企业经营和财务决策的重要问题，从 MM 理论(1958)开始，学者们对税收与企业财务关系的探索热情就没有停歇过；随着公司治理和资本市场理论的发展，理论研究对完美市场的假定也在逐步放松，在存在市场缺陷(Markets Imperfections)的现实条件下，融资约束(Financing Constraints)问题以及对其形成机理、影响因素、经济后果的探讨也越来越成为学者们关注的热点。融资约束是企业融资和投资决策的衔接点，也是影响二者的重要因素。融资约束的强弱关乎企业资本成本、利益相关者的行为决策，进而影响企业的经营成果和企业价值。除对融资约束的成因(Myers 和 Majluf，1984)和衡量标准(Fazzari et al.，1988)的研究外，现有大多数研究是将融资约束作为自变量或分组变量引入对投资、现金持有、公司业绩等的研究(魏锋、刘星，2004；万小勇、顾乃康，2011)；而如 Caggese(2007)，屈文洲等(2011)，罗长远、陈琳(2011)等把它作为因变量进行研究的成果却相对较少。将宏观因素变量引入，直接考察外生性政策变化对融资约束产生影响的研究更少。本章利用增值税转型改革提供的自然试验，研究增值税转型改革对融资约束的影响丰富了相关的研究内容。

目前，针对增值税转型的研究主要分为两个层面，大量研究是从宏观层面研究税制改革对宏观税负、就业以及宏观经济运行后果的分析（陈烨等，2010；聂海峰等，2009）；从微观角度的研究相对较少，现有研究成果主要集中在税制改革对投资行为、资本结构以及企业价值的研究方面（万华林等，2012；聂辉华等，2009；王素荣、蒋高乐，2010；杨之刚等，2000），但与投资决策和投资行为密切相关的融资约束问题却鲜有人涉及。

税收对企业投融资影响的研究可以追溯到标志着现代公司财务理论诞生的 MM 理论（1958），从无税资本结构理论到米勒模型，税收对公司投融资决策所产生的影响得到了理论上的肯定和证明。由于世界上实施生产型增值税的国家很少，所以现有文献主要集中在与增值税同属流转税的消费税改革（Fullerton et al.，1983；Toder，1995；Hall，1996；Hall 和 Rabushka，1996）和所得税改革的相关研究上（Diamond，1965；Summers et al.，1981；Chamley，1981；Lucas，1990）。

国内对税收的研究大部分集中于宏观视角，侧重于税收对宏观经济的影响研究，而从微观角度考察增值税转型对企业财务行为的研究并不多见，骆阳、肖侠（2010）从税负的角度，研究了增值税转型对江苏上市公司的影响，验证了高新技术产业的受益程度大于非高新技术产业。王素荣、蒋高乐（2010）的研究发现增值税转型对上市公司的经营和投资会产生重大影响。万华林等（2012）结合所得税改革，发现增值税转型提升了企业的投资价值相关性。聂辉华等（2009）的研究得出，虽然增值税转型对投资有促进作用，但因为提高了资本劳动比，转型改革会提高失业率的结论，国内的研究基本没有人触及增值税转型与投资息息相关的融资约束问题的研究。

融资约束理论的产生源于投资理论的发展和完善。在以新古典投资理论、Q 投资理论、加速器投资理论为代表的早期投资理论中，均假设外部资本市场是完美的，内源资金和外源资金是完全可以被替代的。因此，投资行为仅决定于投资机会、资金的使用成本等实质性要素，而与企业的外部环境、融资方式和治理机制等因素无关。

随着 20 世纪 70 年代信息不对称理论的兴起，之前的假设被不断放松。

由于信息不对称、道德风险和逆向选择的存在，企业各种融资方式不能被完全替代。Myers(1984)、Myers 和 Majluf(1984)以及 Greenwald et al.(1984)的研究较早揭示了公司在权益融资过程中的逆向选择问题将导致权益融资成本远高于内部融资成本，由此提出了融资约束问题。

由于融资约束的提出只是基本理论逻辑推理的结果，在实证研究中如何对其进行衡量，在学术界展开了诸多尝试和讨论。最早且最具代表性的是基于 Q 理论的衡量方法，包括利用投资—现金流敏感性和构建 KZ 指数对公司的融资约束程度进行测度(Fazzari et al.，1988；Kaplan 和 Zingales，1997)。另一分支则是以 Hubbard 和 Kashyap(1992)、Whited(1992)以及 Bond 和 Meghir(1994)为代表的一系列基于欧拉方程的检验。连玉君、程建(2007)则基于中国的制度背景和资本市场发育程度对 Tobin'Q 的衡量偏误，构造新的代理指标对融资约束进行了衡量。由于每种方法都有其与生俱来的优点和缺陷，所以至今为止，关于融资约束的衡量仍然没有统一的标准。

在国内与融资约束有关的研究中，除关于其衡量标准的讨论和研究外，罗党论、甄明丽(2008)、邓建平、曾勇(2011)分别从政治关联、高管金融背景方面，研究了其对融资约束的缓解作用，屈文洲等(2011)、罗长远、陈琳(2011)则基于信息不对称和 FDI 证实了其与融资约束的相关性。此外，基于融资约束程度的不同进行分组，对企业投资、资本结构、出口行为、现金持有等方面所进行的研究，成果也较为丰硕。郑江淮等(2001)、魏锋、刘星(2004)、李延喜等(2007)从不同角度研究了融资约束对投资的影响；李科、徐龙炳(2011)证明了融资约束缓解与企业经营业绩的正相关性。于蔚等(2012)发现了融资约束不同的企业应对宏观政策冲击，资本结构所受的影响存在差异。于洪霞等(2011)、阳佳余(2012)从不同角度考察了融资约束对企业出口行为的影响。石晓军、张顺明(2010)则发现了商业信用能够通过缓解融资约束，提升企业规模效率。

理论上，我们知道融资约束是由于信息不对称导致的外部融资成本高于内部融资成本，因而内外部资金不能相互替代的状态。现有大多数研究也从不同的角度发现和证实了融资约束对企业财务决策和经济后果的重要影响，但极少研究进一步探求内源融资约束和外源融资约束对企业产生的不同影响。

并且，大多数相关研究还隐含了一个假设，就是所有的企业处于相似的外部环境中，所有企业的决策者都具有同质性。而现实中的企业基于产权性质、所处地区的市场发育程度以及决策者的个人特征等方面的差异，企业本身面临的融资约束程度不同，当外部环境、宏观政策发生变化时，对企业所产生的影响以及企业所做出的反应也是千差万别的。虽然现有的研究成果有单独针对某个方面进行讨论的，但目前还没有将几个因素同时纳入研究范畴，并与税制改革相结合的研究成果。

本章通过比较静态分析，运用 DID(Difference-In-Difference)分析法，不仅从理论上探讨了增值税转型对融资约束的总体缓解作用，剖析了其作用路径主要源于内源融资约束的改善，还进一步结合企业产权特征、高管金融背景、市场化进程的差异，对政策的实施效果进行了分析和评价。实证结果支持了理论分析。

本章接下来的内容安排如下：第二部分为理论分析与研究假说，第三部分为研究设计与描述性统计，第四部分为实证分析与结果检验，第五部分为结论。

4.2 理论分析与研究假说

融资约束理论是早期投资理论在放松完美市场假设条件下衍生出来的，也就是说，融资约束问题是以投资行为的存在为前提的。从宏观经济的角度，税收影响投资的途径之一是将税收转化为储蓄(杨之刚等，2000)，从而影响投资。引证到微观经济个体，税收影响投资，从而影响融资约束的途径之一，就是税收通过影响企业的可支配收入，影响企业的融资约束。增值税从生产型转为消费型，虽然不能直接降低固定资产的购进成本，但由于购进固定资产的进项税额可以抵扣，直接增加了企业当期的经营现金净流量。企业的经营现金流是企业最可持续的收入增长源泉，增值税转型增加了经营现金流就等于增加了企业的可支配收入，从而降低了企业的融资约束。

税收对融资约束产生影响的另一个途径是通过折旧的改变。相对于生产型增值税，转型后的消费型增值税，由于固定资产购进的进项税额可以抵扣，减少了计入固定资产原值的基数，也就降低了折旧计提的基数，从而增加了净利润。在其他条件不变的情况下，由于折旧的税盾效应，折旧的减少会减少未来经营期间的经营现金流（万华林等，2012），但从现金持有的角度来看，增值税转型对企业整体现金流的影响仍然是正向的。此外，从信号传递理论的角度，增值税转型对企业现金流和净利润产生的正向作用，会向外部利益相关者传递正面的信号，影响其行为决策和资源配置，增加外部资金供给量，从而降低外部融资成本。

增值税转型政策作为一项公共政策，不可避免地会面临公共政策共有的滞后效应问题，其实理论上对公共政策效应的滞后并没有统一的解释。国内外对此的研究基本都是基于宏观层面对制度供给和需求之间的关系展开的。大量研究均认为，公共政策滞后是政策供给与需求之间存在的差额，是政策有效供给不足的表现，但同时，公共政策的滞后也是一条客观规律，任何政策的供给都是对前期的需求做出的反应。

周冰、靳涛（2005）指出，政策存在滞后性，因此在政策形成和发挥作用的过程中，其政策绩效总体上会呈递减趋势。但在政策形成和实施前期，由于政策处在磨合和发育的过程中，其边际报酬为正，政策绩效（U）是一条斜率为正的曲线（见图 4-1）①。只是随着时间的推移，环境及政策承受对象效用的变化会导致政策的滞后程度逐渐加剧，政策绩效的边际报酬递减，政策绩效曲线达到其斜率为零的点（M）后就会呈向下弯曲的趋势。

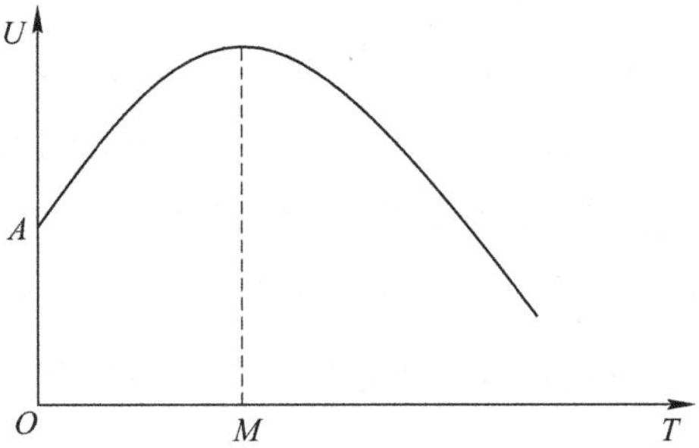

图 4-1 公共政策的时滞效应

① 周冰，靳涛．制度滞后与变革时机［J］．财经科学，2005（3）：38-44.

从增值税转型政策来看，由于政策正式实施时间较短①，我们完全有理由认为其政策绩效处于边际报酬递增的阶段。从政策制度变迁过程来看，公共政策滞后不仅是指政策出台相对滞后于需求，还包括政策出台后在实际的实施过程中，各利益主体的博弈行为所导致的新制度无法发挥作用而产生的时滞（向玉琼，2007）。不仅如此，企业从辨识外部利润到组织最新创新团体、从发明一种将外部利润内在化的技术、从各种可选安排中选出一个最能满足创新利润最大化的安排、从可选择的最佳安排到实际经营之间都会占据时间，产生时滞（科斯等，1991）。因此，我们可以合理地推断增值税转型的政策效应会逐渐显现。

基于以上分析，本章提出假设4.1：

H4.1：增值税转型将缓解企业的融资约束，并且，其政策效应将逐年显现。

Myers（1984）指出，企业融资偏好顺序依次为内源融资、商业信用以及外源融资。

第一，根据前文的分析，增值税转型既能增加企业的现金流，也可以通过折旧的减少增加企业的净利润。因此，增值税转型有利于增强企业的内部积累，降低对外部融资的依赖性，缓解内部融资约束。

第二，在企业的经营过程中，商业信用不可避免地存在，现在已有很多研究成果（Biais 和 Gollier，1997；Fisman 和 Love，2003；Burkart 和 Ellingsen，2004）深入研究了商业信用对融资约束的缓解作用，研究指出，在信息不对称条件下，卖方为买方提供的商业信用会成为买方缓解融资约束的替代手段。也就是说，当企业越有能力成为商业信用供给方时，自身面临的融资约束可能会越小。因此，我们可以合理推断，增值税转型后，由于内部积累的增加降低了企业的内部融资约束，也就相应地提升了企业商业信用的供给能力。因此，税制改革后，企业商业信用供给能力的提升实际上反映了企业内源融资的缓解程度。

① “营改增”开始实施后，国家出台了大量的配套改革政策，为了使研究环境相对干净，本研究将时间窗口锁定在“营改增”试点实施之前。

第三，根据利益相关者理论，企业的本质被视为“一个难以被市场复制的专用性投资网络”（Blair，1995），利益相关者的行为影响其对企业剩余索取权的获取。所以，当企业面临外部冲击和内部变化时，外部利益相关者也会相机做出有利于自身利益最大化的决策。根据信号传递理论，无论从企业内部积累改善还是宏观层面，增值税转型都向外部投资者传递了积极正面的信号。因此，外部投资者可能会做出相机选择，改变资金投向，增加资金供给量，降低企业的融资成本，从而缓解企业的外部融资约束。

此外，由于增值税转型政策的具体实施内容直接作用于企业内部，根据以上分析，我们提出假设 4. 2：

H4. 2：增值税转型对内源融资约束和外源融资约束均有缓解作用，而且对内源融资约束的缓解程度大于外源融资约束。

不可忽视的是，企业是存在异质性的，因此当面临相同的政策变量时，企业受到的影响和做出的反应也是有差异的。

在中国制度背景下，产权因素在很大程度上影响着企业的财务决策以及由此产生的经济后果。国有企业预算“软约束”的存在及其在获取资源方面所具有的先天优势，决定了其本身所面临的融资约束问题比非国有企业要弱。所以，当面临税制改革时，政策变化对融资约束缓解的效应没有非国有企业显现的强。此外，由于国有企业存在的所有权主体缺位导致代理链条过长，信息传递的成本相对更高，所以对政策的反应也会相对缓慢。由此，本章提出以下假设：

H4. 3：增值税转型对非国有企业融资约束的缓解作用大于国有企业。

企业的生存和发展，不仅取决于技术构成、规模等“硬”条件，人的因素也在其中起着至关重要的作用。高管个人的职业背景和过去的工作经历，客观上能够为企业与外界提供一定的社会网络资源。Kwang 和 Hwang(1987) 曾以社会交易理论(Social Exchang Theory)为基础，发展出了一套“人情与面子：中国人的权力游戏”① 的理论模式。他认为，中国人常用不同的方式对

① Kwang-kuo，Hwang. Face and favor：The chinese power game [J]. American Journal of Sociology，1987，97(4)：944-974.

待和自己关系不同的人。因此，对于手中握有某种资源分配权力的人来说，他首先会考虑请求分配的一方和自己之间的关系，对于不同关系的人，会以不同的社会交易法则与之交往。S. B. 雷丁(1993)也指出，“在关系网之外，合作不一定能够办到”。[①] 罗珉(2008)在研究中国传统文化对组织效率时同样指出，关系是减少不确定性的手段，可以减少交易成本，可以利用其外部资源实现效率，可以使组织获得经济价值之外的社会价值。Allen et al.(2005)也指出，中国的关系与声誉机制起到了替代法律保护和金融发展等正式制度的作用。因此，在中国制度背景下，高管背景是研究与考察企业财务行为不可忽略的一个重要影响因素。

大量研究表明，高管的政治背景能给企业带来税收优惠和融资便利，提高企业价值(Fisman，2001；Johnson 和 Mitton，2003；Faccio，2006；Claessens 和 Perotti，2007；等)。于蔚等(2012)详细剖析了政治关联缓解民营企业外部融资约束的作用机理。实证结果表明，政治关联缓解企业融资约束的核心机制在于信息效应和资源效应。所谓信息效应，是指政治关联能起到信号发送，降低资金供求双方的信息不对称的作用；资源效应是指政治关联有助于强化企业的资源获取能力，提高企业的未来总收益。进一步研究还发现，在政治关联缓解融资约束的过程中，关键在于资源效应所起的作用。相对政治关联的研究而言，研究高管金融背景的成果不多，但是对于企业投融资行为的影响而言，高管所拥有的金融背景与其所具有的政治关联对企业具有同样重要的影响。Soto(1989)、Shleifer 和 Vishny(1994)、Berger 和 Udell(1995)较早地发现了银企关系对于企业能否成功获得贷款具有重要影响。很显然，具有金融背景的高管有很好的条件帮助企业建立和优化银企关系。Booth(1999)在对美国企业研究后发现，银行家出任董事能显著提高企业的资产负债率，这能够间接证明董事的银行家背景能够帮助企业很容易地获取银行贷款。邓建平、曾勇(2011)发现了中国民营企业高管金融背景对企业融资约束的缓解作用。因此，从资源效应的角度出发，我们可以合理地推断，当外部政策环境和社

① S. B. 雷丁．海外华人企业家的管理思想——文化背景与风格［M］．张遵敬，等，译．上海：三联书店，1993：80.

会资金供给量发生变化时，越具有金融背景的高管越有能力为企业争取更多的资源，缓解企业的融资约束。

同时，我们也可以从另一条路径分析高管的金融背景对企业融资约束产生的影响。由于拥有金融背景的企业高管具有较强的资源获取能力，其企业本身具备较强的融资能力，所面临的融资约束相对较小。当面临增值税转型政策刺激时，政策对这类企业的边际贡献会相对有限。根据以上分析，我们可以提出两种竞争性假设：

H4.4a：增值转型后，企业高管的金融背景越强，税制改革对融资约束的缓解作用越大，并且非国企的效果强于国企。

H4.4b：增值转型后，企业高管的金融背景越强，税制改革对融资约束的缓解作用越小，并且非国企的效果强于国企。

在企业的投融资问题的研究中，制度背景越来越受到重视。在中国，市场化改革是研究企业行为必须重视的一项重要制度背景(姜付秀、黄继承，2011)。因为市场化进程决定了政府干预的程度、资源配置的效率、资本市场的发育以及信息不对称程度等一系列与企业投融资决策密切相关的因素。方军雄(2006)指出，市场化进程的差异对信贷资金在国企与非国有企业的配置、企业的债务期限结构等方面具有显著影响。姜付秀、黄继承(2011)研究发现，市场化程度不仅对企业的债务水平有着较强的影响，在企业资本结构的调整行为上也显示出较强的相关性，而且这种相关性不受企业产权性质差异的影响。

同时，孙铮等(2005)和樊纲等(2011)的研究表明，中国的市场化改革从改革开放以来虽然取得了巨大进步，但市场化改革进程的路还需继续前行，时空的发展仍呈现非均衡状态。从区域上看，一些东部沿海城市，市场化改革已经取得了突破性的进展，而另外一些内陆省份，社会经济中的非市场化因素还占据着相对重要的地位。从产品市场和要素市场来看，产品市场的市场化程度较高，但要素市场的市场化程度却较低；资本市场、土地市场等市场发育不足，同时制度也相对缺失、缺乏有效的监管。劳动力市场方面，对弱势参与者缺乏必要的保护手段；劳动力的自由流动一定程度上仍然受到城乡之间的户籍管制的约束。从行业竞争的角度来看，商业、建筑业、制造业等竞争性部门的市场化程度较高，而天然气、石油、矿业和房地产开发等资源性产业以及与资源相关性较高的产业，电力、电信、铁路等具有天然垄断属性的产业，医疗、教育、文化和传媒等具有公共品属性的产业市场化程度较低。一些产业过高的进入成本、政府对国企提供的特殊优惠以及对非国企实施的歧视性限制措施等现象，均阻碍了市场的公平竞争，加剧了国有部门的垄断。在自然资源的定价方面，仍在诸多方面存在政府管制，市场化定价仍然任重而道远。

因此，在市场化进程不同的地区，企业面临的地区条件、产品市场、要素市场、行业竞争度等方面的差异太大，面对相同的政策变量，企业主观上做出的政策反应和客观上产生的经济后果也会有所不同，税制改革的效果也必然存在差异。市场化程度越高的地区，政府干预程度越小，市场更公平，生产要素的流动更顺畅，企业通过市场规律调节自身行为的自由度越高，政策发挥作用的时滞就越短，效果也就越明显。

但同时我们可以发现，市场化进程还可以通过另一种途径影响增值税转型的效果。在市场化程度越高的地区，政府干预较少，政府由“干预型”向“服务型”转型的速度可能会越快，政府会更倾向和企业保持适当的距离，企业特别是国有企业经营自主权也会越高，对政策反应做出决策所受的外界干扰也相应较少。市场化程度越高的地区，产品市场的发育程度、要素市场的发育程度较高，价格由市场决定的程度更高、商品在市场上的地方保护更少、金融业的市场化与竞争更为充分、劳动力流动性更高、技术成果市场化更为发达。这些都更有利于资本和其他要素自由地进出企业。企业能够通过市场使资源达到相对合理的配置，资本的流动会更为容易，企业所面临的融资约束在市场化程度低的地区较低，因此，增值税转型对其的边际贡献相对较小。由此，我们提出以下假设：

H4. 5a：增值税转型后，市场化程度越高的地区，融资约束缓解的程度越明显，并且非国有企业的效果强于国有企业。

H4. 5b：增值税转型后，市场化程度越低的地区，融资约束缓解的程度越明显，并且非国企的效果强于国企。

4.3　研究设计及描述性统计

4.3.1　数据来源

增值税转型的试点工作从2004年起在东北三省六个行业开始实施，2007年将试点范围扩大到中部六省的部分地区，2009年起在全国范围内正式实施。本研究以2009年后实施增值税转型的相关行业的A股上市公司作为处理组样本，将试点地区的上市公司作为对照组样本；以2007—2010年为研究期间，采用Ashenfelter和Card.(1985)提出的评价公共政策，特别是税收政策效果常用的双重差分(DID)分析法，检验本章的研究假设。

为保证研究结果的可靠性，本书对样本数据做以下处理：①根据《关于印发〈东北地区扩大增值税抵扣范围若干问题的规定〉的通知》(财税〔2004〕156号)、《关于印发〈中部地区扩大增值税抵扣范围暂行办法〉的通知》(财税〔2007〕75号)文件和上市公司行业代码剔除未参与增值税转型试点的行业，研究样本仅包括装备制造业、石油化工业、冶金业、农业、采掘业和电力行业。②剔除ST和已退市的公司，剔除任何一年所有者权益小于或等于零以及相关财务指标缺失的公司。③剔除记录不连续的公司。④剔除异常值，并对连续变量进行了1%和99%的Winsorize处理。

本研究最终确定样本为2547个，其中处理组样本为2136个，对照组样本共411个，主要数据来源于CSMAR数据库、市场化进程数据来源于《中国市场化指数：各地区市场化相对进程2011年报告》①。

4.3.2　DID方法简介

DID(Diffrence-In-Diffrence)方法多用于研究数据来源于自然实验(Natural Experiment)或准实验(Quasi-experiment)的情况，目前广泛应用于公共政策，

① 樊纲，王小鲁，朱恒鹏．中国市场化指数：各地区市场化相对进程2011年报告［M］．北京：经济科学出版社，2011.

特别是税收政策的评价。其基本原理如下：自然实验出现某些外生性事件，如政府政策的改变，会导致个人、家庭、厂商或城市运作的环境改变。同时，一个自然实验可以区分出一个不受政策变化影响的对照组(Control)和一个被认为会受到政策变化影响的处理组(Treatmeat)。这种分组不同于真实实验(Ture Experiment)，在真实实验中，处理组和对照组是随机且明确地抽取的；而在自然实验中，对照组和处理组均来自某个具体的外生性政策变化。为了控制好对照组和处理组之间的系统性差异，我们还需要两个与年份有关的数据，一个是政策变化前，另一个是政策变化后。于是我们的样本就可以分为4组：变化前的对照组、变化后的对照组、变化前的处理组和变化后的处理组。

将对照组命名为A，处理组命名为B，定义分组哑变量 db，当样本符合处理组B的特征时，赋值为1，否则为0。定义时间哑变是 dt_2，当样本的时间特征是政策变化后，赋值为1，否则为0。我们关注的基本模型为

$$Y=\alpha_0+\alpha_1\times db+\alpha_2\times dt_2+\alpha_3\times db\times dt_2+others \tag{4-1}$$

式中，Y 为我们关注的因变量，而 α_3 为度量政策的效果，即受政策变化影响的样本在政策变化后的改变。如果回归中不包含其他因素，α_3 就是差异中的差分估计量：

$$\alpha_3=(\overline{Y_{t_2,B}}-\overline{Y_{t_2,A}})-(\overline{Y_{t_1,B}}-\overline{Y_{t_1,A}}) \tag{4-2}$$

当我们根据所研究的具体问题，在方程中增加解释其他变量时，α_3 的OLS估计值不再有模型(4-2)那样简单的形式，但有类似的含义。

使用DID模型有一个重要前提即政策必须是外生的，这一前提主要是为了确保样本在分组时是随机的。如果存在某个因素在影响因变量的同时，影响了样本的分组归属，那么对照组和处理组因变量的变化趋势就会受到影响，从而导致所估计的政策效应偏大或偏小。此外，如果在政策变化后，样本可以自由地进入对照组或处理组，也就是说政策本身产生了内生性，那么使用DID方法也是不恰当的。相比普通最小二乘法，DID模型能够有效地解决政策变量与因变量的内生性问题，而且还能综合截面维度和时间维度的综合影响，控制共时性的政策因素，考虑所研究政策作用的净效应。增值税转型政策属

于完全的外生性事件，样本中也不包含注册地在研究期间发生变化的情况，因此符合 DID 模型的要求和假设。

4.3.3　主要变量的定义

（1）内源融资约束(INT)：本书用内部累积和商业信用作为衡量内源融资约束的指标。借鉴阳佳余(2012)的做法，将期末现金持有量与总资产之比作为衡量内部积累的指标，用期末应收账款与其他应收款之和与期末总资产之比衡量企业作为商业信用供给方能力的大小。该指标越高，表明企业受到的内源融资约束越小。

（2）外源融资约束(EXT)：借鉴 Cleary(1999)、Musso 和 Schiavo(2008)以及阳佳余(2012)的做法，采用企业信用特征来衡量其受到的外源融资约束的大小。本书选取了有形资产净值率、清偿比、流动性比率、资产收益率 4 个表征衡量外源融资约束的大小。该指标越高，表明企业越容易获取外部资金，受到的外源融资约束越小。

具体计算方法如下：以内源融资约束指标(INT)为例，将内部积累和商业信用指标分别按分位数值分为 5 组①，按分位数值由低到高，相应的对其赋值 1~5，再将 2 个指标的得分加总除以 2，得到内源融资约束指标 INT。外源融资约束指标(EXT)的计算方法与此类似。

（3）高管金融背景(Fin)的衡量：借鉴胡旭阳、史晋川（2008），胡旭阳（2006）衡量企业政治关联的方法，本书将 CSMAR 数据库提供的高管简历分别按“银行”“证券”“信托”3 个字段进行匹配。若匹配成功则赋值为 1，否则赋值为 0，然后将 3 个分项得分加总，即得到高管个人金融背景的得分；最后为控制企业规模的影响，将所有高管个人得分加总除以高管人数，即得到企业高管整体金融背景的指数，该指标越高，企业高管拥有的金融背景越强。其他研究变量的定义及计算方法见表 4-1。

---

①　阳佳余(2012)分位数也按 5 组划分。

表 4-1 变量定义及计算

分类	变量名称	含义	计算方法	相关文献
因变量	$I_{i,t}/K_{i,t-1}$	当期新增投资	(固定资产原值、在建工程净值、工程物资三项增加值)/期初固定资产净值	梅丹(2005)、袁玉平等(2008)、屈文洲等(2011)
	$INT_{i,t}$	内源融资约束	见相关说明	Cleary(1999)、Musso 和 Schiavo(2008)、阳佳余(2012)
	$EXT_{i,t}$	外源融资约束	见相关说明	Cleary(1999)、Musso 和 Schiavo(2008)、阳佳余(2012)
自变量	$Aft_{i,t}$	时间哑变量	2009 年及以后 = 1，2009 年以前 = 0	聂辉华等(2009)、万华林等(2012)
	$Ref_{i,t}$	地区哑变量	非试点地区 = 1，试点地区 = 0	聂辉华等(2009)、万华林等(2012)
	$Cfk_{i,t}/K_{i,t-1}$	现金流	当期经营活动产生的现金净流量/期初固定资产净值	连玉君、程建(2007)、屈文洲等(2011)
	$Fin_{i,t}$	高管金融背景	见相关说明	胡旭阳和史晋川(2008)，胡旭阳(2006)
	$Mar_{i,t}$	市场化进程①	《中国市场化指数：各地区市场化相对进程 2011 年报告》	余明桂等(2010)、邓建平、曾勇(2011)
控制变量	$Q_{i,t-1}$	未来投资机会	滞后一期的(总市值+总负债)/总资产	Chung 和 Pruitt(1994)、屈文洲等(2011)
	$Cash_{i,t-1}/K_{i,t-1}$	期初现金持有量	期初现金及等价物余额/期初固定资产净值	FHP(1988)、屈文洲等(2011)
	$Debt_{i,t-1}/Assets_{i,t-1}$	期初资产负债率	总负债/总资产	Ascioglu et al.(2008)、屈文洲等(2011)
	$Size_{i,t}$	规模	期末总资产的自然对数	Ascioglu et al.(2008)、屈文洲等(2011)
	$Fshr_{i,t}$	股权集中度	前五大股东的持股比例之和	Shleifer 和 Vishny(1986)、屈文洲等(2011)
	$Sgr_{i,t}$	主营业务收入增长率	(本期主营业务收入-上期主营业务收入)/上期主营业务收入	于蔚等(2012)
	I_t	贷款利率	年化②央行一年期法定贷款利率③	于蔚等(2012)

① 由于报告中缺少 2010 年的数据，2010 年的取值用 2008 年和 2009 年的平均值代替，邓建平、曾勇(2011)、余明桂等(2010)也采用同样的方法。

② 年化利润的计算以每档利率的实际执行时间为权数进行计算。

③ 法定贷款利率数据来自中国人民银行官方网站。

4.3.4 模型设计

如前文所述，基于 Q 理论产生投资—现金流敏感模型（Fazzari et al.，1988），Kaplan 和 Zingales.（1997）利用多指标构建指数的方法，在研究融资约束问题中运用较为广泛，本章在实证检验中同时运用这两种方法，更能增强研究结论的说服力。其中，对融资约束的总体衡量利用双重差分法（DID）在投资—现金流敏感模型的基础上拓展，在对内源融资约束和外源融资约束进行检验时，运用构造指数的方法进行研究。

本研究分别构建以下模型对本章第二部分提出的假设进行检验：

$$I_{i,t}/K_{i,t-1}=\beta_0+\beta_1 Aft_{i,t}+\beta_2 Ref_{i,t}+\beta_3(Cfk_{i,t}/K_{i,t-1})+\beta_4 Aft_{i,t}\times Ref_{i,t}+\beta_5 Aft_{i,t}\times Ref_{i,t}\times(Cfk_{i,t}/K_{i,t-1})+\beta_j Control_j+\varepsilon_{i,t} \quad (4-3)$$

$$INT_{i,t}\ or\ EXT_{i,t}=\beta_1 Aft_{i,t}+\beta_2 Ref_{i,t}+\beta_3 Cfk_{i,t}/K_{i,t-1}+\beta_4 Aft_{i,t}\times Ref_{i,t}+\beta_5 Fshr_{i,t}+\beta_6 Sgr_{i,t}+\varepsilon_{i,t} \quad (4-4)$$

$$I_{i,t}/K_{i,t-1}=\beta_0+\beta_1 Aft_{i,t}+\beta_2 Ref_{i,t}+\beta_3(Cfk_{i,t}/K_{i,t-1})+\beta_4 Fin_{i,t}+\beta_5 Aft_{i,t}\times Ref_{i,t}+\beta_6 Aft_{i,t}\times Ref_{i,t}\times(Cfk_{i,t}/K_{i,t-1})\times Fin_{i,t}+\beta_j Control_j+\varepsilon_{i,t} \quad (4-5)$$

$$I_{i,t}/K_{i,t-1}=\beta_0+\beta_1 Aft_{i,t}+\beta_2 Ref_{i,t}+\beta_3(Cfk_{i,t}/K_{i,t-1})+\beta_4 Mar_{i,t}+\beta_5 Aft_{i,t}\times Ref_{i,t}+\beta_6 Aft_{i,t}\times Ref_{i,t}\times(Cfk_{i,t}/K_{i,t-1})\times Mar_{i,t}+\beta_j Control_j+\varepsilon_{i,t} \quad (4-6)$$

式中，i 代表公司，t 代表年度。

模型（4-3）是对假设 4.1、假设 4.3 进行检验，在投资—现金流敏感模型中，现金流变量（Cfk/K）的回归系数被视为衡量融资约束大小的指标。在本模型中，对 Cfk/K 求偏导，当且仅当 $Aft=Ref=1$ 时，Cfk/K 的系数为（$\beta_3+\beta_5$）；其余情况 Cfk/K 的系数为 β_3。根据理论分析，我们可以预测 $\beta_3>0$，说明现金流与投资是正相关的，存在融资约束；我们关注的是反映增值税转型政策效果的地区哑变量和时间哑变量与现金流的交互项，即 β_5 是否显著小于 0，如果 $\beta_5<0$，说明增值税转型后投资—现金流敏感系数降低了，融资约束得到了缓解。假设 4.3 则根据企业的产权特征，对模型（4-3）进行分组验证。

对模型（4-4），因其因变量具有的序数性质，我们用 Ordinal Logistic 回归验证假设 4.2。由于因变量 INT 和 EXT 本身即融资约束的衡量指标，我们主要关注反映税改政策的两个哑变量交互项的系数 β_4 是否显著为正，如果为正，则说明增值税转型对缓解企业融资约束产生了正向作用。

模型(4-5)和模型(4-6)是对假设 4.4 和假设 4.5 进行检验。根据前文的分析，我们同样关注的是两个模型中 β_6 的符号。在模型(4-5)中，如果 β_6 显著小于 0，则说明企业高管的金融背景越强，税制改革对融资约束的缓解程度越高；同理，在模型(4-6)中，如果 β_6 显著小于 0，则说明企业所处地区的市场化程度越高，税制改革对融资约束缓解的效果越好。

4.3.5 描述性统计

回归模型中相关变量的描述性统计结果(见表 4-2)。从结果中我们可以看出，作为因变量，投资的标准差为 0.6，这表明样本的投资水平存在较大的差异。从内源融资和外源融资指标来看，标准差都较大，说明样本在融资约束的表现上存在很大差异。

表 4-2 主要变量的描述统计结果

变量名	均值	中值	标准差	最小值	最大值
投资(*I/K*)	0.44	0.27	0.60	0	7.99
内源融资(*INT*)	2.91	3.00	1.03	1.00	5.00
外源融资(*EXT*)	2.91	3.00	0.76	1.00	5.00
现金流(*Cfk/K*)	0.26	0.19	0.57	-3.07	4.77
高管背景(*Fin*)	0.09	0.06	0.12	0	1.20
市场化进程(*Mar*)	8.58	8.76	2.03	0.38	11.8
成长性(*Q*)	0.47	0.48	0.17	0.04	0.99
现金持有(*Cash/K*)	0.16	0.13	0.12	0	0.82
资产负债率(*Debt/Assets*)	0.47	0.48	0.17	0.03	0.99
规模(*Size*)	21.58	21.43	1.12	18.78	28.14
股权集中度(*Fshr*)	51.54	51.72	14.72	10.19	97.89
主营业务收入增长(*Sgr*)	0.28	0.16	1.28	-0.72	43.61
法定利率(*I*)	6.10	5.36	0.91	5.31	7.50

表4-3列示了模型(4-3)、模型(4-5)、模型(4-6)主要变量的相关系数，从表中可以看到，经营现金流(*CFK*)与投资(*I/K*)的相关系数为0.039、高管背景(*Fin*)与投资的(*I/K*)的相关系数为0.01，市场化程度(*Mar*)与投资(*I/K*)的相关系数为0.024。其余控制变量不再赘述。

表4-3 模型(4-3)、模型(4-5)、模型(4-6)主要变量的Pearson相关系数

变量	*I/K*	*CFK*	*Fin*	*Mar*	*Q*	*cash*	*size*	*Fshr*	*Sgr*	*I*
I/K	1.000									
CFK	0.039	1.000								
Fin	0.010	-0.030	1.000							
Mar	0.024	0.017	0.007	1.000						
Q	-0.050	-0.141	-0.036	-0.08	1.000					
cash	0.163	0.161	-0.001	0.12	-0.469	1.000				
Size	0.062	0.025	-0.09	-0.035	0.369	-0.181	1.000			
Fshr	0.174	0.067	-0.036	0.11	-0.070	0.171	0.198	1.000		
Sgr	0.206	0.044	0.008	-0.057	0.066	-0.032	0.030	0.087	1.000	
I	-0.002	-0.025	-0.020	-0.079	0.058	-0.074	-0.064	0.003	-0.018	1.000

表4-4和表4-5列示了模型(4-4)主要变量的相关系数，从表中可以看到，经营现金流(*CFK*)与内源融资约束指标(*INT*)的相关系数为0.124，经营现金流(*CFK*)与外源融资约束指标(*EXT*)的相关系数为0.179。由于相关系数分析仍存在一定的局限性，本章将在回归分析中进一步确认各变量之间的关系。

表4-4 模型(4-4)主要变量的Pearson相关系数(1)

变量	*INT*	*CFK*	*Sgr*	*Fshr*
INT	1.000			
CFK	0.124	1.000		
Sgr	-0.004	0.044	1.000	
Fshr	-0.025	0.067	0.087	1.000

注：以内源融资约束(*INT*)为因变量。

表 4-5 模型(4-4)主要变量的 Pearson 相关系数(2)

变量	*EXT*	*CFK*	*Sgr*	*Fshr*
EXT	1.000			
CFK	0.179	1.000		
Sgr	-0.018	0.044	1.000	
Fshr	0.165	0.067	0.087	1.000

注：以外源融资约束(*EXT*)为因变量。

4.4 实证分析与结果检验

4.4.1 税制改革对融资约束影响的整体检验

表 4-6 列示了模型(4-3)的回归结果。第 1 列中 *Aft*×*Ref*×(*Cfk*/*K*)的符号在 1%的水平上显著为负，说明增值税转型后，显著改善了企业的融资约束状况。从分年回归的情况来看，2009 年的 *Aft*×*Ref*×(*Cfk*/*K*)系数为正，说明企业的融资约束的状况还未得到缓解，这可能是企业的投融资行为还受到前期政策和决策的影响，增值税转型的作用还未得到体现，2010 年该系数为负，在 5%的水平上显著，这表明，在政策实施的第二年，政策效应开始显现，从而使假说 4.1 得到验证。

表 4-6 模型(4-3)的回归结果

变量	(1)全样本	(2)2009 年	(3)2010 年
	I/*K*	*I*/*K*	*I*/*K*
Aft	-0.007 (-0.10)		
Ref	-0.004 (-0.14)	0.034 (0.73)	0.021 (0.46)
Cfk/*K*	0.078* (1.88)	-0.177 (-1.61)	0.353 (1.44)

续表

变量	(1)全样本	(2)2009 年	(3)2010 年
	I/K	I/K	I/K
$Aft\times Ref$	0.037 (0.69)		
$Aft\times Ref\times(Cfk/K)$	-0.135*** (-3.12)	0.067 (0.58)	-0.490** (-2.08)
Q	9.761*** (3.38)	39.927*** (2.80)	19.726*** (3.24)
$Cash/K$	0.163*** (6.63)	0.105* (1.96)	0.187*** (4.12)
$Debt/Assets$	-9.785*** (-3.38)	40.015*** (-2.80)	-19.760*** (-3.23)
$Size$	0.076*** (3.43)	0.168*** (3.45)	0.093** (2.30)
$Fshr$	0.105*** (5.16)	0.147*** (3.56)	0.100*** (2.81)
Sgr	0.188*** (2.65)	0.115** (2.39)	0.110** (2.07)
I	-0.015 (-0.26)		
常数项	-0.910*** (-2.83)	-2.038*** (-3.96)	-1.161*** (-2.74)
行业	YES	YES	YES
N	2547	677	723
R^2	0.106	0.123	0.107

注：参数估计值下方括号内为 t 值。***、**、*分别表示在 1%、5%、10%的水平上显著。

在假说 4.1 得以成立的前提下，本章进一步检验了内源融资约束和外源融资约束在税改后的变化。表 4-7 列示了模型(4-4)的回归结果，从回归结果来看，$Aft\times Ref$ 的系数对内源融资约束指数(INT)在 10%的水平上显著为正；而外源融资约束指数(EXT)为正，但并不显著，这说明增值税转型对外源融资的改善力度并不大，主要着力点是通过增强企业的造血机能，提高企业的内部积累来减少对外部资金的依赖，这与前文的理论分析一致，也与增值税转型的政策目标相吻合。由此，假说 4. 2 得到了验证。

表 4-7 模型(4-4)的回归结果

变量	内源融资	外源融资
	INT	*EXT*
Aft	-0. 0699 (-0. 42)	0. 0821 (0. 46)
Ref	-0. 369*** (-2. 92)	0. 223 (1. 61)
Cfk/K	0. 366*** (5. 49)	0. 525*** (7. 26)
Aft×Ref	0. 317* (1. 73)	0. 126 (0. 65)
Fshr	0. 0003 (0. 11)	0. 0192*** (8. 08)
Sgr	-0. 005 (-0. 32)	-0. 0616*** (-2. 86)
行业	YES	YES
N	2547	2547

注：参数估计值下方括号内为 *z* 值。***、**、* 分别表示在 1%、5%、10%的水平上显著。

4. 4. 2 税制改革对融资约束影响的进一步检验

在检验了增值税转型改革对融资约束产生的总体影响及其作用路径后，根据前文的分析，我们将基于企业的异质性做进一步的检验，具体检验结果见表 4-8。根据企业产权性质的差异对模型(4-3)进行分组检验，我们发现 *Aft×Ref×(Cfk/K)* 的系数国企和非国企均为负，这表明增值税转型后，两类企业的投资—现金流敏感度均有所下降，税制改革对两类企业的融资约束均有缓解作用，国企该系数为-0. 068，但不显著；而非国企该系数为-0. 202，并且在 1%的水平上显著，这说明增值税转型对国企的融资约束的缓解作用小于非国企，这可能源于国企本身具有的融资约束就小于非国企，因而对政策变化的敏感度没有非国企高，这与理论分析的结果相一致，从而假设 4.3 得到验证。

当引入高管金融背景的因素后，我们从回归结果中可以发现，在全样本情况下，模型(4-5)中 *Aft*×*Ref*×(*Cfk*/*K*)×*Fin* 的系数为-0.099，并且在 1%的水平上显著为负，说明企业高管金融背景越强，越善于解读和运用政策导向，引导企业的投融资行为，从而使税制改革的作用发挥得更充分。同时我们也发现，在这种情况下，非国企仍然比国企显现出更强的缓解效果，非国企*Aft*×*Ref*×(*Cfk*/*K*)×*Fin* 的系数为-0.139，在 1%的水平上显著为负，国企该系数为-0.023，并不显著。这说明高管的金融背景在国企和非国企中，税制改革作用的发挥国企要明显弱于非国企。从而支持了假设 4.4a 的结论，拒绝了假设 4.4b。

考虑到企业所处地区市场发育的非均衡状态，我们从市场化进程的视角进一步考察了增值税转型改革对企业融资约束缓解作用的发挥。从表 4-8 的回归结果中我们可以看到，模型(4-6)中 *Aft*×*Ref*×(*Cfk*/*K*)×*Mar* 系数在全样本的情况下，系数为-0.148，在 1%的水平上显著为负，这说明市场化程度越高，税制改革的作用越明显。在对国企和非国企进行分组检验的回归结果中，国企的 *Aft*×*Ref*×(*Cfk*/*K*)×*Mar* 系数为-0.089，*t* 值为-1.64，非国企的该系数为-0.209，*t* 值为-3.25。这说明市场化程度对两类企业政策作用的发挥，国企的影响仍远小于非国企，从而支持了假设 4.5a 的推断，拒绝了假设 4.5b。

表 4-8　模型(4-3)分组回归、模型(4-5)和模型(4-6)的回归结果

变量	产权构成[模型(4-3)]			高管背景[模型(4-5)]			市场化进程[模型(4-6)]		
	全样本	国企	非国企	全样本	国企	非国企	全样本	国企	非国企
	I/*K*	*I*/*K*	*I*/*K*	*I*/*K*	*I*/*K*	*I*/*K*	*I*/*K*	*I*/*K*	*I*/*K*
Aft	-0.007	0.008	-0.016	-0.001	0.01	-0.002	-0.006	0.010	-0.01
	(-0.10)	(0.09)	(-0.09)	(-0.01)	(0.11)	(-0.01)	(-0.08)	(0.11)	(-0.06)

续表

变量	产权构成[模型(4-3)]			高管背景[模型(4-5)]			市场化进程[模型(4-6)]		
	全样本	国企	非国企	全样本	国企	非国企	全样本	国企	非国企
	I/K	I/K	I/K	I/K	I/K	I/K	I/K	I/K	I/K
Ref	-0.004	0.015	-0.068	-0.003	0.016	-0.066	-0.008	0.022	-0.078
	(-0.14)	(0.53)	(-0.99)	(-0.11)	(0.54)	(-0.96)	(-0.28)	(0.71)	(-1.12)
Cfk/K	0.078*	0.053	0.105*	0.029	0.017	0.025	0.085**	0.067	0.108*
	(1.88)	(0.96)	(1.84)	(0.88)	(0.36)	(0.57)	(2.14)	(1.25)	(1.95)
Fin				0.035	0.001	0.042			
				(1.70)	(0.04)	(1.42)			
Mar							0.019	-0.033	0.046
							(1.00)	(-1.28)	(1.63)
Aft×Ref	0.037	0.013	0.093	0.011	-0.005	0.061	0.038	0.017	0.091
	(0.69)	(0.24)	(0.62)	(0.21)	(-0.09)	(0.40)	(0.71)	(0.31)	(0.61)
Aft×Ref×(Cfk/K)	-0.135***	-0.068	-0.202***						
	(-3.12)	(-1.32)	(-3.09)						
Aft×Ref×(Cfk/K)×Fin				-0.099***	-0.023	-0.139***			
				(-3.35)	(-0.78)	(-3.05)			
Af×Ref×(Cfk/K)×Mar							-0.148***	-0.089	-0.209***
							(-3.42)	(-1.64)	(-3.25)
Q	9.761***	5.153	10.087**	9.981***	5.729*	9.514**	9.560***	4.437	10.063**
	(3.38)	(1.55)	(2.49)	(3.53)	(1.76)	(2.38)	(3.32)	(1.30)	(2.51)
Cash/K	0.163***	0.131***	0.156***	0.162***	0.129***	0.156***	0.161***	0.132***	0.153***
	(6.63)	(5.09)	(3.79)	(6.67)	(5.00)	(3.84)	(6.60)	(5.14)	(3.73)
Debt/Assets	-9.785***	-5.157	-10.136**	-10.005***	-5.733*	-9.563**	-9.584***	-4.442	-10.112**
	(-3.38)	(-1.55)	(-2.50)	(-3.53)	(-1.76)	(-2.39)	(-3.32)	(-1.30)	(-2.52)
Size	0.076***	0.147***	0.018	0.076***	0.147***	0.009	0.075***	0.147***	0.012
	(3.43)	(5.29)	(0.57)	(3.44)	(5.30)	(0.30)	(3.37)	(5.27)	(0.39)
Fshr	0.105***	0.057**	0.126***	0.105***	0.056**	0.122***	0.104***	0.059**	0.117***
	(5.16)	(2.27)	(4.06)	(5.13)	(2.22)	(3.97)	(5.04)	(2.37)	(3.53)
Sgr	0.188***	0.226***	0.194**	0.191***	0.228***	0.200**	0.187***	0.223***	0.196**
	(2.65)	(2.91)	(2.06)	(2.68)	(2.92)	(2.12)	(2.65)	(2.88)	(2.07)

续表

变量	产权构成[模型(4-3)]			高管背景[模型(4-5)]			市场化进程[模型(4-6)]		
	全样本	国企	非国企	全样本	国企	非国企	全样本	国企	非国企
	I/K	*I/K*	*I/K*	*I/K*	*I/K*	*I/K*	*I/K*	*I/K*	*I/K*
I	-0.015 (-0.26)	0.01 (0.13)	0.023 (0.27)	-0.01 (-0.18)	0.009 (0.12)	0.042 (0.49)	-0.012 (-0.22)	0.011 (0.15)	0.029 (0.34)
常数项	-0.910*** (-2.83)	-1.412*** (-3.96)	-0.474 (-0.69)	-0.938*** (-2.91)	-1.410*** (-3.97)	-0.416 (-0.60)	-0.941*** (-2.94)	-1.359*** (-3.84)	-0.50 (-0.73)
行业	YES	YES	YES	YES	YES	YES	YES	YES	YES
N	2547	1572	975	2547	1572	975	2547	1572	975
R^2	0.106	0.108	0.126	0.105	0.106	0.124	0.107	0.11	0.128

注：参数估计值下方括号内为 *t* 值。***、**、*分别表示在 1%、5%、10%的水平上显著。

4.4.3 稳健性检验

为了保证研究结果的稳健性，本章分别用“固定资产原值的增加值/期初固定资产净值”和“购进固定资产、无形资产和其他长期资产支付的现金/期初固定资产净值”作为模型(4-3)中投资(*I/K*)的替代变量，主要变量回归结果如表 4-9 所示，由于篇幅所限，此处未列出控制变量的结果。上述稳健性检验结果与本章主要发现一致。

表 4-9 稳健性检验回归结果

变量	(1)*I/K*	(2)*I/K*
	固定资产原值的增加值/期初固定资产净值	购进固定资产、无形资产和其他长期资产支付的现金/期初固定资产净值
Aft	-0.048 (-0.64)	0.002 (0.04)
Ref	-0.003 (-0.11)	-0.001 (-0.02)
Cfk/K	0.059** (1.99)	0.076* (1.76)

续表

变量	(1) I/K	(2) I/K
	固定资产原值的增加值/期初固定资产净值	购进固定资产、无形资产和其他长期资产支付的现金/期初固定资产净值
$Aft \times Ref$	0.013 (0.24)	0.027 (0.53)
$Aft \times Ref \times (Cfk/K)$	-0.106^{***} (-2.95)	-0.111^{***} (-2.67)

注：参数估计值下方括号内为 t 值。***、**、*分别表示在1%、5%、10%的水平上显著。

4.5 本章小结

本章利用融资约束和公共政策评价方面的理论成果，从理论分析和实证检验两个方面探析了增值税转型改革对企业融资约束的综合影响。

增值税由生产型转为消费型，通过改变企业现金流和折旧，以及向外部利益相关者传递信号，在一定程度上缓解了企业的融资约束，其政策效应呈逐年显现的状态。研究进一步发现，增值税转型改善企业融资约束的作用路径主要是通过对内源融资约束的缓解从而达到其改善作用的。

当将产权性质、高管金融背景、市场化进程三个企业异质性因素引入分析时，研究发现，非国企的融资约束缓解程度明显高于国企。高管的金融背景对税制改革缓解融资约束作用的发挥起到了促进作用，但非国企的作用强于国企。最后，研究还发现，企业所处的地区市场化程度越高，增值税转型后，融资约束的缓解效应越大，但国企对此因素不如非国企敏感。

5 增值税转型对企业投资的影响

5.1 问题的提出

2008 年 11 月，为应对金融危机，防止经济下滑，中央决定对宏观经济政策实施重大调整，继 1994 年亚洲金融危机后，再次实施积极的财政政策。增值税转型作为积极财政政策的重要组成部分，在此背景下正式全面实施，旨在降低企业税负、促进技术进步、促进企业设备更新、促进产业结构调整及经济增长方式的转变，提高企业的竞争力，克服金融危机带来的不利影响。

增值税转型不仅是财政政策的重要组成部分，也是一项重大的减税政策。据 2009 年 2 月国家税务总局提供的测算数据，增值税转型将给企业带来超过 1200 亿元①的减税效应。如此强有力的减税政策能否真正实现刺激投资的政策初衷？企业是否会按政策导向将减税带来的收益进行设备投资、技术更新？并且在这个过程中，所有企业的行为选择都会一样吗？本章正是基于以上几个问题对增值税转型对企业投资行为的影响进行研究。

现有与增值税转型相关的研究成果不乏与投资相关的。聂辉华等(2009)在国内较早运用双重差分法对增值税转型对固定资产投资的影响进行了分析，

---

① 数据来源于国家税务总局网站：http：//www.chinatax.gov.cn/n8136506/n8136593/n8137681/n8532970/n8533009/8858157.html。

对增值税转型在投资方面的效应得出了肯定的结论。胥佚萱、林志伟(2011)对政策效应细化试点阶段进行了评估，也得出了肯定的结论。王素荣、蒋高乐(2010)从行业角度对增值税转型政策刺激投资的效果进行了统计分析。但以上研究都基于试点期间，一方面其研究结论的一般性仍需进一步验证；另一方面研究结论仍限于对总体效应的评价，缺乏更为细致、更多视角的研究。本章正是在这个基础上，除了进一步验证增值税转型全面实施后对企业投资行为的影响，还从产权视角和融资约束的视角更为深入地探析增值税转型对投资行为的影响。

本章接下来的内容安排如下：第二部分为理论分析与研究假说，第三部分为研究设计与描述性统计，第四部分为实证分析与结果检验，第五部分为结论。

5.2 理论分析与研究假说

增值税转型的核心变化在于固定资产购进的进项税从不能抵扣变为可以抵扣。这将对企业的投资行为在以下三个方面产生影响：第一，增值税转型后，企业的税负降低，增加了企业的现金流和可支配收入，增强了企业的投资能力，为企业扩大投资提供了资金上的可能，此为增值税转型产生的收入效应。第二，增值税转型后，由于进项税可以抵扣，相当于降低了投资的实际支付价格，此为增值税转型的替代效应，企业会增加投资需求，减少非投资需求(如劳动等生产要素及非生产性支出)，促使投资需求曲线外移，起到刺激投资的作用。第三，固定资产属于价格弹性较大的商品，其需求量对价格非常敏感，价格的降低会引起投资的需求量大幅增加。因此本章提出假设5.1：

H5.1：增值税转型会促进企业投资增加。

在中国制度背景下，企业的产权背景是影响企业决策的重要因素，也对政策效应的发挥有着重要影响。

国有企业的委托代理和政府干预问题。虽然在现代企业制度下，“两权分离”是企业治理的一个常态，但国有企业面临的所有权和经营权有别于普通企业。国有产权主体的虚置与多重代理无疑拉长了代理链条，这不仅加剧了企业的代理成本，也在决策过程中损耗了更多的消息，耗费更长的时间，影响企业对决策时机的把控，从而延缓企业对政策反应的敏感度。此外，从政府干预的角度来看，国有企业的自主经营和决策权仍然受到限制，在投融资等企业的重大决策方面，仍然难以摆脱政府干预的影子，以“红头文件”形式介入企业生产经营的方式仍然存在。这在很大程度上降低了企业对外界政策变化的敏感度。

国有企业的预算软约束。预算软约束的存在也是导致国有企业对政策反应敏感度较低的原因之一。理论上对预算软约束的存在有两种主流解释：一种是从外生性的角度进行的解释，认为预算软约束的产生和存在是因为领导人为获取政治上的支持或国家为实现就业的目标(Shleifer 和 Vishny，1994)，社会主义国家的“父爱主义”（Kornai，1986)等。另一种是从内生性角度进行的解释，Dewatripont 和 Maskin(1995)认为预算软约束是源于时间的非一致性问题，即政府对未完工的、无效率的项目追加投资，是由于追加投资产生的边际效益有可能大于放弃产生的边际成本。林毅夫等(2004)认为，在发展中国家和计划经济、转型经济国家，预算软约束的存在其实是源于存在预算软约束的企业因替政府承担的政策性负担而与政府博弈的结果。其实无论是产权因素导致的“父爱主义”还是政策性负担，客观上国有企业预算软约束的存在不仅会让自己拥有更加宽松的融资渠道，更小的经营压力，而且还会形成经营亏损、投资失败最终由政府“兜底”、负盈不负亏的现象，从而抑制企业生产经营的主动性、决策的谨慎性和时效性，导致对外界政策变化反应相对迟缓，影响政策效应的发挥。

国有企业的多重目标。在市场经济中，任何具有独立民事行为能力的个人或法人都可以申办企业。国有企业是国家设立的企业，由于国家不同于一般意义上的民事主体，因此，国有企业是一种特殊的企业(金碚，2010)，其必然具有区别于普通民事主体企业的特殊性质。国有企业常常被赋予一定的特权，但同时也承担着一定的特殊义务。因此其企业目标不仅体现在与普通企业相同的利润目标方面，还必须体现其所有者——国家与全民的意志、利益的特殊要求。既要接受市场目标的评价，也要接受非市场目标的检验。金碚(2010)甚至认为，国有企业承担政治诉求和社会责任是国有企业存在的根本理由。对非国有企业而言，虽然也要求其承担社会责任，但这两个层面的目标不会产生太大的冲突。国有企业承担社会目标和政治诉求方面的程度大大超过非国企，从而导致多重目标之间的冲突和失衡拖累企业的绩效。当外界政策发生变化时，也不可能完全以利润最大化为目标作为决策的依据，在各种目标之间的利益权衡和博弈，必然会影响企业决策的过程、增加决策的时间成本，导致企业的政策反应相对迟缓。

国有企业的高管选拔机制。企业是人力资本和非人力资本要素的结合，高管是人力资本要素中的核心要素。与普通企业的经理人选拔机制不同，虽然国企改革在各个方面取得了巨大成绩，但在高管选拔和任命机制上，仍然没有摆脱政府的干预。尽管在高管选拔的方式上引入了全球“海选”、内部竞争、社会招聘等方式，但行政任命的方式仍占主导地位，国企高管“亦官亦商”的身份仍然没有改变。1999年，党的十五届四中全会通过的《中共中央关于国有企业改革和发展若干重大问题的决定》曾要求对企业及企业领导人不再确定行政级别。但目前为止，这个要求依然只是处于“探索”阶段。2003年，国资委开始启动对外招聘国有企业高管的工作。不过迄今为止，招聘的单位寥寥无几，并且很少有“一把手”岗位对外进行招聘(丁友刚、宋献中，2010)。

这种机制导致国企高管不仅有来自市场业绩的考核，更有来自组织部门的考核；晋升的路径也是多元的，“亦官亦商”的身份使他们可以在企业高管和行政官员之间流动，并且已有研究表明，高管在晋升过程中会产生路径依赖，会更多地关注政治地位和声誉方面的提升(林高，2012)。高管激励的多路径使其不得不将部分精力和资源放在协调和处理与政府的关系上，使其在处理企业的经营问题上的敏锐性欠佳，对政策变化做出的反应也会逊于非国企。由此，本章提出假设5.2：

H5.2：增值税转型对企业投资的促进作用，非国有企业强于国有企业。

企业的投资意愿能否转化为现实，深深受制于企业的财务状态。由于存在市场缺陷，企业不可避免地会面临融资约束，进而影响到企业的投资行为。融资约束衔接着融资和投资行为，融资约束的强弱不仅会影响投资的资本成本，还会影响利益相关者的契约及相应行为决策，最终影响企业的投资决策及收益状况。当面临相同的政策变量时，融资约束程度较高的企业受制于融资渠道、资金量及资本成本等因素的限制，欲将投资意愿转化为现实难度会相对较大；而融资约束程度较低的企业则更有能力对增值税转型政策做出积极的反应，增加投资、更新设备，抓住政策带来的红利。由此，本章提出假设 5.3：

H5.3：增值税转型对企业投资的促进作用，低融资约束的企业强于高融资约束企业。

5.3 研究设计与描述性统计

5.3.1 数据来源

本章仍以 2009 年后实施增值税转型的相关行业的 A 股上市公司作为处理组样本，将试点地区的上市公司作为对照组样本；以 2007—2010 年为研究期间，采用双重差分（DID）分析法，检验本章的研究假设。

为保证研究结果的可靠性，本章对样本数据仍按第 4 章的方法做以下处理：①根据《关于印发〈东北地区扩大增值税抵扣范围若干问题的规定〉的通知》（财税〔2004〕156 号）、《关于印发〈中部地区扩大增值税抵扣范围暂行办法〉的通知》（财税〔2007〕75 号）文件和上市公司行业代码剔除未参与增值税转型试点的行业，研究样本仅包括装备制造业、石油化工业、冶金业、农业、采掘业和电力行业。②剔除 ST 和已退市的公司，剔除任何一年所有者权益小于或等于零以及相关财务指标缺失的公司。③剔除记录不连续的公司。④剔除异常值，并对连续变量进行了 1%和 99%的 Winsorize 处理。

本章最终确定样本为 2768 个，其中处理组样本为 2309 个，对照组样本为 459 个，主要数据来源于 CSMAR 数据库。

5.3.2 变量定义

分组变量融资约束（*Con*）的衡量①：采用本书第 4 章构建融资约束指标，综合内源融资约束指标（*INT*）和外源融资约束指标（*EXT*）对其衡量。即将期末现金持有量与总资产之比作为衡量内部积累的指标，用期末应收账款与其他应收款之和与期末总资产之比衡量企业作为商业信用供给方能力的大小。选取有形资产净值率、清偿比、流动性比率、资产收益率 4 个指标衡量外源融资约束的大小。将各个指标分别按分位数值分为 5 组，按分位数值由低到高，相应地对其赋值 1~5，再将这些指标的得分加总即得到企业的融资约束（*Con*）指标。这些指标越高，表明企业受到的融资约束越小。其他研究变量的定义及计算方法见表 5-1。

表 5-1 主要变量及定义

分类	变量名称	含义	计算方法	相关文献
因变量	$I_{i,t}/K_{i,t-1}$	当期新增投资	（固定资产原值、在建工程净值、工程物资三项增加值）/期初固定资产净值	梅丹（2005）、袁玉平等（2008）、屈文洲等（2011）
自变量	$Aft_{i,t}$	时间哑变量	2009 年及以后 = 1；2009 年以前 = 0	聂辉华等（2009）、万华林等（2012）
	$Ref_{i,t}$	地区哑变量	非试点地区 = 1，试点地区 = 0	聂辉华等（2009）、万华林等（2012）
	$Mar_{i,t}$	市场化进程	《中国市场化指数：各地区市场化相对进程 2011 年报告》	余明桂等（2010）、邓建平、曾勇（2011）
控制变量	$Size_{i,t}$	规模	期末总资产的自然对数	Ascioglu et al.（2008）、屈文洲等（2011）
	$Fshr_{i,t}$	股权集中度	前五大股东的持股比例之和	Shleifer 和 Vishny（1986）、屈文洲等（2011）
	$Sgr_{i,t}$	主营业务收入增长率	（本期主营业务收入-上期主营业务收入）/上期主营业务收入	于蔚等（2012）
	Spr_t	固定资产价格指数		数据来源于国家统计局网站
	I_t	贷款利率	年化央行一年期法定贷款利率	于蔚等（2012）

① 具体计算方法见第 4 章，本章未区分内源融资约束和外源融资约束指标。

5.3.3 模型设计

借鉴 Ashenfelter 和 Card(1985)、胥佚萱和林志伟(2011)、聂辉华等(2009)的研究。本章仍利用双重差分法构建以下模型对本章第二部分提出的假设进行检验:

$$I_{i,t}/K_{i,t-1}=\beta_0+\beta_1 Aft_{i,t}+\beta_2 Ref_{i,t}+\beta_3 Aft_{i,t}\times Ref_{i,t}+\beta_i control_{i,t}+\varepsilon_{i,t} \quad (5-1)$$

式中，i 代表公司，t 代表年度。

依据双重差分法的原理，我们关注反映税制改革的时间变量和地区变量的交互项 $Aft\times Ref$ 的系数 β_3 是否显著为正。根据理论分析，若该系数显著地大于零，说明增值税转型显著地促进了企业投资。

5.3.4 描述性统计

回归模型中相关变量的描述性统计结果如表 5-2 所示。从结果中我们可以看出，作为因变量，投资的标准差为 0.61，表明样本的投资水平存在较大差异。各控制变量标准差都较大，说明样本在规模、盈利能力及公司治理方面均存在很大差异。

表 5-2 主要变量的描述统计结果

变量名	均值	中值	标准差	最小值	最大值
投资(*I/K*)	0.45	0.27	0.61	0	6.63
规模(*Size*)	21.56	21.42	1.12	18.78	28.14
股权集中度(*Fshr*)	51.90	52.13	14.92	10.19	97.89
主营业务收入增长(*Sgr*)	0.26	0.16	1.17	-0.99	43.61
固定资产价格指数(*Spr*)	103.38	103.60	4.00	97.60	108.90
法定利率(*I*)	6.10	5.36	0.91	5.31	7.50

表 5-3 列示了模型(5-1)中主要变量的相关系数，从表中我们可以看到，投资(*I/K*)与企业规模(*Size*)呈正相关关系，相关系数为 0.055，说明规模对企业投资水平具有正向的促进作用。其余控制变量主营业务增长率、股权集中度与企业投资水平正相关，其余变量不再一一赘述。鉴于相关性分析存在

一定的局限性，各变量间的关系需要在回归分析中进一步确认。

表 5-3 模型(5-1)主要变量的 Pearson 相关系数

变量	*I/K*	*size*	*Sgr*	*Spr*	*Fshr*	*I*
I/K	1.000					
Size	0.055	1.000				
Sgr	0.121	0.040	1.000			
Spr	−0.014	−0.030	0.030	1.000		
Fshr	0.165	0.181	0.086	0.010	1.000	
I	−0.039	−0.070	−0.026	0.835	0.002	1.000

5.4 实证分析与结果检验

表 5-4 列示了模型(5-1)的回归结果。第 1 列中 *Aft*×*Ref* 的系数为 0.122 并且在 1%的水平上显著，说明增值税转型有效地刺激了企业的投资行为，显著提升了企业的投资水平，从而使假说 5.1 得到验证。

如前文所述，在中国制度背景下，企业的产权性质对企业的财务状态、财务行为有着极大的影响，导致在面临相同的外部环境、相同的政策变量时，企业做出的行为反馈以及产生的经济后果是有差异的。在增值税转型对企业投资行为的影响总体上得到肯定的结论后，本章从产权的视角，对国有企业和非国有企业利用模型(5-1)进行分组检验，具体回归结果列示于表 5-4第 2 列和第 3 列。从回归结果中我们发现，非国企的 *Aft*×*Ref* 的回归系数为 0.239，并且在 5%的水平上显著，国企该系数为 0.083，*t* 值为 1.62，并不显著。这说明增值税转型对企业投资水平的促进作用非国企强于国企，从而假说 5.2 得到验证。

根据前文的分析，企业的融资约束程度在很大程度上影响和制约着企业的投资行为，影响着企业的投资水平。我们将本章第三部分构建的融资约束指标(*Con*)，按分位数由低到高分为两组，对样本进行分组检验，回归结果见表 5-4 第 4 列和第 5 列。从回归结果我们可以发现，增值税转型政策针对融资约束程度不同的企业，其政策效应具有比较明显的差异。高融资约束组的 *Aft*×*Ref* 系数为 0.086，t 值为 1.61，说明增值税转型对企业投资具有正面影响，但其影响力度并不显著；低融资约束组的 *Aft*×*Ref* 的回归系数为 0.166，t 值在 1%的水平上显著，表明增值税转型对融资约束程度较低企业的投资行为具有明显的刺激作用，显著地提升了该类企业的投资水平，从而假设 5.3 得以验证。

表 5-4 模型(5-1)的回归结果

变量	(1)全样本	(2)国企	(3)非国企	(4)高融资约束	(5)低融资约束
	I/K	*I/K*	*I/K*	*I/K*	*I/K*
Aft	0.089*	0.103	0.008	0.140**	0.003
	(1.82)	(1.61)	(0.07)	(2.26)	(0.04)
Ref	−0.016	−0.006	−0.085	0.001	−0.041
	(−0.65)	(−0.20)	(−1.53)	(0.04)	(−0.89)
Aft×*Ref*	0.122***	0.083	0.239**	0.086	0.166**
	(2.80)	(1.62)	(2.34)	(1.61)	(2.23)
Size	0.024	0.132***	−0.026	0.074***	−0.011
	(1.13)	(4.97)	(−0.84)	(2.70)	(−0.35)
Fshr	0.152***	0.067**	0.205***	0.096***	0.192***
	(7.19)	(2.32)	(6.80)	(3.72)	(5.81)
Sgr	0.107***	0.160**	0.088***	0.137***	0.070
	(3.61)	(2.25)	(2.59)	(3.47)	(1.45)
Spr	0.001	−0.090	0.051	−0.064	0.059
	(0.02)	(−1.59)	(0.90)	(−1.14)	(1.05)
I	0.142**	0.208**	0.139	0.215***	0.065
	(2.33)	(2.50)	(1.46)	(2.69)	(0.69)
常数项	−0.973**	−0.680	−1.364	−0.662	−1.356
	(−1.99)	(−1.21)	(−1.44)	(−1.10)	(−1.54)
行业	YES	YES	YES	YES	YES
N	2768	1693	1075	1653	1115
R^2	0.046	0.058	0.062	0.045	0.05

注：参数估计值下方括号内为 t 值。***、**、*分别表示在 1%、5%、10%的水平上显著。

为了使研究结果更加稳健，本章分别用“固定资产原值的增加值/期初固定资产净值”和“购进固定资产、无形资产和其他长期资产支付的现金/期初固定资产净值”作为模型(5-1)中投资(I/K)的替代变量，主要变量回归结果如表5-5，由于篇幅所限，此处未列出控制变量的结果。上述稳健性检验结果依然表明了增值税转型对企业投资具有明显的促进作用，与本章主要发现一致。

表5-5　基于模型(5-1)的稳健性回归结果

变量	(1) I/K	(2) I/K
	固定资产原值的增加值/期初固定资产净值	购进固定资产、无形资产和其他长期资产支付的现金/期初固定资产净值
Aft	0.013 (0.24)	0.098** (2.34)
Ref	-0.022 (-0.80)	0.017 (0.97)
Aft×*Ref*	0.100** (2.10)	0.073** (2.08)

注：参数估计值下方括号内为t值。**分别表示在5%的水平上显著。第1列用“固定资产原值的增加值/期初固定资产净值”作为投资(I/K)的替代变量；第2列用“购进固定资产、无形资产和其他长期资产支付的现金/期初固定资产净值”作为投资(I/K)的替代变量。

5.5　本章小结

本章我们利用税收对企业投资影响和公共政策评价方面的理论成果，从理论分析和实证检验两个方面探析了增值税转型改革对企业投资产生的综合影响。

增值税从生产型转为消费型，通过减轻税负改变了企业的现金流，增加了企业的可支配收入，通过产生收入效应增强了企业的投资能力；增值税从生产型转为消费型还能够通过替代效应以及利用价格弹性原理对投资产生刺激作用，提升企业的投资水平。

将企业产权性质以及融资约束因素纳入分析框架后，研究发现：增值税转型对非国有企业投资的促进作用明显强于国有企业；对低融资约束企业投资的刺激作用明显强于高融资约束企业，该研究结论进一步表明了企业融资约束程度对企业财务行为所产生的重要影响。

6　增值税转型的经济后果：对企业冗员的影响

6.1　问题的提出

政策实施的目的是通过调整企业的财务行为，最终改变企业的经济后果。在前面两章，本书分别从融资约束和投资的角度实证检验了增值税转型对企业财务状态和财务行为的影响，从本章起，本书将对增值税转型的经济后果进行实证检验。

增值税转型改革从2009年1月开始在全国范围内实施，其政策出台背景与金融危机息息相关。国际金融危机爆发以后，“裁员”无疑是媒体报道中出现频率最高的词汇之一，2008年9月汇丰银行宣布全球裁员1100人，约占其银行和市场部门员工总数的4%①。与此同时，惠普公司CEO马克·赫德表示，计划在未来3年之内裁员24600人，约占其员工总数的8%②。同时，我们也注意到不是所有企业都有减员之举，部分企业高调作出危机期间“不裁员、不减薪”的承诺。时任波司登董事长高德康明确表示，企业在金融危机

① 和讯网：http：//news. hexun. com/2008-09-27/109364951. html。

② 凤凰网：http：//finance. ifeng. com/money/wealth/staff/20081110/206141. shtml。

中“不裁员、不减薪”[①]，诺兰特移动通信配件(北京)有限公司采取待工减薪的方式“过冬”[②]，SMC中国公司也明确表示金融危机期间绝不会辞退一名员工[③]。我们不禁要思考：在外部生存环境总体恶化的情况下，不裁员的企业[④]是否承担了大量冗员和隐性失业；裁员的企业能否保证企业在裁员后不会因为冗员和隐性失业而对企业造成大量额外的负担？

冗员，也称超额雇员，是指当企业生产中存在劳动边际效率为零的情况时，则认为存在冗员[⑤]。统计研究显示，我国大多数企业，特别是国有企业存在大量冗员。吴延瑞(1999)通过抽样调查对我国国企的冗员问题进行了最低必要劳动投入的量化分析，据其研究估计，我国国企中约有30%的隐性失业人员存在；王元(1997)的保守估计是20%；隗斌贤(2000)通过比较分析法、供给差量法及计量分析法估计了我国的城镇隐性失业率在13%左右，整体隐性失业率则达20%左右。管理学中“有限理性观”认为，企业决策者由于理性的有限和客观条件的约束，会使企业在资源配置方面无论在数量上还是质量上都存在一定的冗员；也就是说，冗员是企业资源配置过程中的产物。资源配置体现着企业财务活动的出发点和归宿点，因此，冗员能够体现企业财务活动、财务行为的经济后果，从冗员的角度考察企业财务活动、财务行为的经济后果，也有着非常重要的意义。

作为应对金融危机适时推出的增值税转型改革，除在前文已证明的促进投资、缓解融资约束等方面对企业经营的改善作用外，对企业冗员有什么样的影响，是积极的还是消极的影响？本书将从理论和实证两个方面尝试解决这些疑问。

冗员对企业业绩是正向还是负向的影响，在理论上学者们并没有达成一

---

① 中国经济网：http：//www.ce.cn/ztpd/xwzt/09lh/zhuangao/200903/05/t20090305_18398500_1.shtml。

② 中新网：http：//www.chinanews.com/cj/kong/news/2009/04-14/1645524.shtml。

③ 和讯网：http：//news.hexun.com/2010-01-18/122398049.html。

④ 多数不裁员的企业表示是因为承担社会责任的需要而做出的决策，仅有极少数企业表示是出于战略上的考虑。

⑤ 对冗员目前没有统一标准的定义，本书借鉴简新华和余江(2007)对冗员的定义。

致意见。以切斯特·巴纳德为代表的组织学家认为，组织像生物体一样是物质实体，需要在外部环境适应和内部系统的协调统一中生存和发展。而这一过程同时也是组织财务、生产、人力资源等生产要素内部积累的过程，这种积累所集聚的力量最终会形成企业的核心竞争力，影响企业的绩效，而人力资源在核心竞争力的形成过程中具有不可忽视的战略性地位。同时，这种有计划、有目的的积累也必定会产生一定的冗余，也就是说冗员既是企业发展过程中的自然现象，也是必需的。他们认为适度的冗员能应对外部环境的冲击，实现企业的可持续发展；有助于形成竞争的工作氛围，加大员工的晋升压力，从而激励员工努力工作，提升个人的绩效；还能为企业战略的调整做出贡献，使企业实验新战略成为可能。他们认为虽然冗员给企业带来了额外的成本，但其带来的好处更大，在冗员过量之前，对企业绩效会产生正面影响。

而政府干预理论对此则持完全相反的观点，政府作为市场的参与者，会利用超越经济权利的手段实现自身的目标函数。就业作为政府宏观调控的重要目标，是地方政府和官员考核的重要指标，为实现其自身的政治目标会不同程度地向企业施加政策性负担。尤其是国有企业因为承担过多的社会责任，已经不能将经济效率作为其唯一的目标（曾庆生、陈信元，2006），过多的政策负担和社会负担造成企业业绩的损耗。代理理论也得出类似的结论，他们认为企业不是一种个体，而是由各种契约关系组成的集合体。它是在各种契约关系聚焦的复杂过程中，相互冲突的个体目标在契约关系的框架下达到的一种均衡（Jensen 和 Meckling，1976）。代理理论从本质上把企业看作委托人和代理人之间契约的纽带。当代理问题产生“内部人”控制现象时，一方面代理人会将因为在职消费、谋求个人福利而导致的损失归咎于承担的社会负担（曾庆生，2007）；另一方面经理人员追求个人利益最大化的行为会促使企业形成不断提高工资、福利水平而又不分红或少分红的趋势，造成企业劳动力成本的上升（陈湘永等，2000），从而损害企业的业绩。

大量的实证结论也支持冗员对企业业绩的负面效应。樊纲（1995）指出，冗员一直是困扰我国企业，特别是国有企业生产效率、企业绩效提升的重要因素。改革开放以来，国有企业亏损是因为收入分配环节严重地向个人倾斜，导致“工资侵蚀利润”。袁志刚、黄立明(2002)在对1986—1997年国有企业的隐性失业进行研究时发现，隐性失业严重地对利润产生了侵蚀。贺娜(2005)也指出，在传统计划经济体制下，企业承担了过多的政治诉求，使职能产生错位，为满足企业的行政考核指标和管理者的行政晋升目标，企业倾向于多雇员工。张聚昌、张云峰(2000)通过对黑龙江145户大中型企业的调研发现，隐性失业率与企业利润率之间存在负相关关系。曾庆生、陈信元(2006)、薛云奎和白云霞(2008)的研究也得出类似的结论，超额雇员迫使企业承担了过多的劳动力成本，影响了企业的业绩。

中国处于转型经济的背景下，政府在市场运行过程中仍起着重要的引导作用，加之已有文献关于冗员对我国企业业绩影响的研究成果，本书有理由认为，我国冗员对企业绩效的影响超过了组织理论指出的“适度”的水平，并将基于冗员对企业业绩产生的负面影响作为本书研究的起点和基础。与之前的研究不同，本书不是从产生冗员的原因的角度研究企业的冗员问题，而是基于企业已有冗员存在的条件，探讨公共政策(增值税转型政策)变化、制度变迁对其的影响，从而评价政策效应。

本章接下来的内容安排如下：第二部分为理论分析与研究假说，第三部分为研究设计与描述性统计，第四部分为实证分析与结果检验，第五部分为结论。

6.2 理论分析与研究假说

关于冗员和隐性失业(Disguised Unemployment)问题，在宏观经济中的就业问题中探讨得较多。基础理论认为，当经济从自给自足为主转向专业化和分工为主后，由于失业，一些工人不得不从事较差的(Inferior)工作，这会使他们的生产率有所降低，于是产生了隐性失业(Robinson，1936)。隐性失业问题最早是基于农业部门的分析(Georgescu-Roegen，1960；Rosenstein-Rodan，1956；Nurkse，1953；Schultz，1966)，同时大量研究也发现，在很多情况下，社会经济结构和政治压力是冗员和隐性失业产生的更主要的原因。这种非市场的社会和政治压力造成的隐性失业在以计划经济体制为主的社会主义国家广泛存在，并且更多地存在于工业部门而非传统研究的农业部门(Feiwel, 1974)。

在诸多关于冗员成因的分析和论述中，政府干预无疑是最重要的一个原因。虽然我国在从计划经济向市场经济转变的过程中，已经取得了丰硕的进展，但在转型经济背景下，政府在整个社会资源的配置中仍起着主导作用。在关键决策中，尤其是当涉及就业等政治问题时，政府仍能施加实质的影响(Boycko et al., 1996)。这就迫使企业，特别是国有企业承担了很多政策性负担，表现在冗员、社会养老等方面。扩大就业作为各级政府的主要目标，同时也是政府官员晋升的重要考核指标，政府官员往往会利用对国有企业的控制权实现其政治目的。

林毅夫、李志赟(2004)在研究中国企业的冗员问题时指出，在计划经济时代，我国曾着力推动资金密集型的重工业优先发展，其投资多，但创造的就业机会却很少，由于政府对社会稳定和解决就业问题的政治需求，常常将一个岗位的工作用来满足几个人就业。由于当时对企业实行的是统收统支的分配制度，企业没有自负盈亏，工资由财政拨付，所有问题都有政府“兜底”，所谓冗员在当时对企业而言还不能算作一种负担。随着经济体制改革的进行和企业“拨改贷”“利改税”等一系列分配方式的改革，企业逐渐向自负盈亏的独立主体过渡，工资和退休金的支付成为企业自己的责任，这时的冗员问题才真正成为企业绩效的桎梏。这些问题从现在来看是历史原因，但从本质来看是社会经济体制和政府干预共同作用的结果。20 世纪 90 年代中期，我国国有企业出现大规模的“下岗”现象，这是经济体制改革深入劳动用工制度改革时，冗员和隐性失业积聚及释放的表现(蒋选，2002)。

虽然改革开放 40 多年来，企业在用工制度和经营自主权等方面有了突飞猛进的发展，但企业的雇佣行为仍无法摆脱政府干预的影响。薛云奎、白云霞(2008)发现，我国已有近 60%上市的国有企业建立了以业绩为基础的高管薪酬激励机制。在正常情况下，经理人应该没有动机进行超额雇佣使冗员负担对企业业绩造成损害，从而影响自己的薪酬和职位的晋升。因此，企业冗员的存在更有可能是政府干预的结果，而不是经理人员决策的结果。政府干预对企业雇佣行为的介入，在应对金融危机过程中体现得尤为明显。时任重庆市国资委主任崔坚表示，“我市国企将严格控制裁员”①。大连市出台相应的制度，要求严格建立裁员统计报告制度、建立用人单位裁减人员台账②。在《国务院关于做好当前经济形势下就业工作的通知》（国发〔2009〕4号）中，明确指出国有企业应当承担社会责任，尽量不裁员或少裁员，鼓励国企采取多种稳妥的方式安置富余人员，规范企业裁员行为，切实保障劳动者的合法权益。并且，该通知还对所有企业的裁员行为作出了更为细致的规定：“企业需要裁减人员20人以上，或者裁减不足20人但占企业职工总数10%以上，需提前30日向工会或者全体职工说明情况，听取工会或者职工意见后，向当地人力资源社会保障行政部门报告裁减人员方案。”这也佐证了Robert A. Hart et al.（1996）的研究发现：不仅是国有企业，非国有企业在政府干预下，同样承担着就业压力。因此，很多企业不得不退而求其次，采取减薪而不裁员的方式来规避政治成本，使冗员仍然滞留于企业，制约了企业的生存和发展。

政府一方面迫于社会稳定和就业压力，通过行政干预手段对企业雇佣行为的自由裁量权加以约束，使企业不可能通过大规模裁员的方式来缓解冗员的负担；另一方面能否通过经济手段，如税收政策的调控作用来缓解企业的冗员负担呢？增值税转型政策在金融危机背景下全面推开，对企业的雇佣行为是“雪上加霜”还是“雪中送炭”，是加剧企业的负担，还是缓解企业与政府之间尴尬的局面？在宏观经济中，税收对就业的影响大多是从一般均衡理论的角度进行分析的（陈烨等，2010）。当从企业层面考察增值税转型对企业冗员的影响时，聂辉华等（2009）从要素投入的角度，以经济学最基本的利润函数作为分析的起点，对增值税转型对劳动投入的影响做了较为严格的数学推理：

---

① http://finance.qq.com/a/20081120/002225.htm.

② 《关于控制和规范用人单位裁减人员有关问题的通知》（大政办发〔2009〕7号）。

单个厂商在静态模式下，其利润函数可以表示为

$$\pi = pq - wl - rk \tag{6-1}$$

式中，π 代表利润，p 代表商品价格，q 代表商品产量，w 代表工资率，l 代表劳动投入，r 代表资本价格，k 代表资本投入。

由式(6-1)可得利润最大化条件为

$$\frac{q_l}{q_k} = \frac{w}{r}$$

即劳动和资本的边际产出相等。

增值税由生产型转为消费型的核心变化在于，固定资产的进项税由不能抵扣变为可以当期全额抵扣，这相当于降低了资本品的实际支付价格，改变了资本和劳动的相对价格①$\frac{w}{r}$，r 降低，$\frac{w}{r}$上升，会提高资本劳动的替代比，使资本对劳动产生替代效应成为可能，在生产要素的配置过程中会更多地用资本去替代劳动，促使企业多买机器少用人。聂辉华等(2009)也指出，增值税转型对生产效率提升的促进作用主要通过资本替代劳动的方式达到。由于政府对企业雇佣行为的干预及企业自我调整能力的有限性，企业不可能在短期内大规模地调整用工规模。因此，增值税转型有可能增加企业冗员及隐性失业的状况，从劳动投入的方面给企业带来负面影响。

另外，税负的降低会增加厂商可支配的生产要素，增强厂商的生产能力。增值税从生产型转为消费型，购进固定资产的进项额可以当期全额抵扣，直接增加了企业的现金流，相当于增加了企业的可支配收入，使增加投资、扩大规模成为可能。即增值税转型可以在企业成本既定的条件下，实现扩大再生产，从而引起资本和劳动的需求同时增加。劳动需求的增加便会消化和缓解企业存量冗员及隐性失业的情况，即增值税转型对冗员影响的正面效应。

① 在今后相当长的一段时间内，中国仍存在大量剩余劳动力，劳动力的价格不是完全弹性的。理论上，无论是二元经济还是宏观萧条，只要有剩余劳动力存在，劳动力价格下降就存在黏性(陈烨等，2010)。因此，这里我们假定劳动的价格不发生变化。

从要素需求函数的角度来看，当利润最大化时，无条件要素需求函数等于有条件要素需求函数①，即

$$l(p, r, w)=l^c(q, r, w) \tag{6-2}$$

两边对 r 求导，可得

$$\frac{\partial l(p, r, w)}{\partial r}=\frac{\partial l^c(q, r, w)}{\partial q}\frac{\partial q}{\partial r}+\frac{\partial l^c(q, r, w)}{\partial r} \tag{6-3}$$

式(6-3)表示资本品价格对劳动要素投入需求的影响。等号右边第一项为资本的产出效应，从减税的角度来看即反映为减税的收入效应②；第二项为资本对劳动的替代效应。假定企业处于完全竞争的市场结构，对式(6-3)进一步拓展可以得到

$$\frac{\partial l(p, r, w)}{\partial r}=\frac{\partial l^c(q, r, w)}{\partial q}\frac{\partial q(p=MC)}{\partial MC}\frac{\partial MC}{\partial r}+\frac{\partial l^c(q, r, w)}{\partial r} \tag{6-4}$$

式中，MC 代表边际成本。

根据利润函数拟凹的性质，可以推知

$$\frac{\partial l^c(q, r, w)}{\partial q}>0,\quad \frac{\partial q(p=MC)}{\partial MC}<0,\quad \frac{\partial MC}{\partial r}>0,\quad \frac{\partial l^c(q, r, w)}{\partial r}>0 \tag{6-5}$$

因此，$\frac{\partial l(p, r, w)}{\partial r}$的符号为正还是为负不能确定。也就是说，由于增值税转型的减税效应带来的资本品相对价格变化会对劳动要素的投入产生两个方面的效应：替代效应和收入效应。但是哪种效应的影响更大，从理论上并不能得到肯定的推断，有待从实证角度进一步证明。

冗员是劳动投入产生的一种具体经济后果，我们可以合理地推断，增值税转型对冗员的影响也会因为对劳动投入的替代效应和收入效应产生加剧或缓解的作用。但既然增值税转型对劳动力投入的影响不能确定，对冗员影响的方向和程度也不能确定，只能依靠实证进行进一步的证实。

---

① 无条件要素需求函数是在利润最大化条件下的解，有条件要素需求函数是在成本最小化条件下的解。

② 在部分研究(聂辉华等，2009；陈烨等，2010)中，将这部分效应称为产出效应或支出效应。为了更直观地从减税的角度表达该效应，在本书中均称为减税的收入效应。

事实上，大部分 OECD 国家在 20 世纪 90 年代中期就进行了增值税减税的改革。在这一背景下，许多文献分析了税制改革对雇佣行为的影响。这些研究基本以理论研究为主，运用一般均衡理论分析，研究企业所面对的实际所得税税率或资本税率的变动对企业劳动力需求的影响(Michaelis 和 Birk，2006；Dutta et al.，2004；Boehringer et al.，2005)，或是劳动力市场对税率变动的反应(Hutton 和 Ruocco，1999)。这些研究均认为增值税改革对劳动力的影响取决于诸多因素，包括增值税税率、其他所得税税率的对比、资本的初始存量以及经济发展的速度等，因而最终的影响结果是不确定的。

因此，我们提出以下两个相互竞争的假设：

H6.1a：增值税转型会促使企业冗员和隐性失业的情况加剧。

H6.1b：增值税转型会缓解企业冗员和隐性失业的情况。

考虑到国有企业的冗员负担相对非国有企业更为沉重，并对企业的绩效造成严重影响。因此，国有企业在这个方面对外界政策的刺激更为敏感，据此，本章提出以下假设：

H6.2：增值税转型对国有企业冗员和隐性失业的影响大于非国有企业。

经过 40 多年的改革开放，我国经济发展取得了举世瞩目的成就，市场化改革也在这一进程中不断推进，使市场在资源配置方面发挥越来越重要的作用。市场化进程如何影响经济发展，是 20 世纪 90 年代初以来，宏观经济学家最为关心的问题之一(Roland，2000)，也越来越引起微观领域研究者的关注。姜付秀、黄继承(2011)强调，在中国，研究企业行为必须重视市场化改革这一重要制度背景。

樊纲等(2003)将市场化进程分为政府与市场的关系、产品市场的发育程度、要素市场的发育程度、市场中介发育和法律制度环境以及非国有经济的发展五个方面。那么，市场化进程如何影响增值税转型对企业冗员产生影响呢？本书认为存在以下两种路径：

第一，企业所处地区的市场化程度越高，产品市场和要素市场的发育程度越高，价格由市场决定的程度更高、商品市场上的地方保护更少、金融业的市场化与竞争更为充分、劳动力流动性更高、技术成果市场化更为发达。

这些都更有利于资本和其他要素自由地进出企业。市场中介发育和法律制度环境越好的地区，企业的投融资渠道越多元，信息不对称程度越低，企业可以通过市场更规范地进行资源配置，更有利于增值税转型政策发挥效应。此外，非国有经济越发达，在整体经济运行中的贡献比例越高，企业面临的竞争越激烈，在政策转型过程中，企业更为敏感，政策的边际效应更大。因此，增值税转型对企业冗员产生的影响更大。

第二，在市场化程度越高的地区，政府干预较少，政府由“干预型”向“服务型”转型的速度可能会越快，政府会更倾向于和企业保持适当的距离，企业特别是国有企业经营自主权也会越高，对政策反应做出相应决策所受的外界干扰也会相应较少。政府通过企业实现其政治目标的动机相对较小，企业承担的政策性负担会相应较小，资源配置的状态相对合理。因此，增值税转型对企业的边际贡献相对较小，对企业冗员产生的影响较小。根据以上两条路径的分析，本章提出两个竞争性假设：

H6.3a：市场化程度高的地区，增值税转型对企业冗员的影响更大。

H6.3b：市场化程度高的地区，增值税转型对企业冗员的影响更小。

6.3 研究设计与描述性统计

6.3.1 数据来源

本章仍以2009年后实施增值税转型的相关行业的A股上市公司作为处理组样本，将试点地区的上市公司作为对照组样本；以2007—2010年为研究期间，采用双重差分(DID)分析法，检验本章的研究假设。

为保证研究结果的可靠性，本章对样本数据仍按第4章的方法做以下处理：①根据《关于印发〈东北地区扩大增值税抵扣范围若干问题的规定〉的通知》(财税〔2004〕156号)、《关于印发〈中部地区扩大增值税抵扣范围暂行办法〉的通知》(财税〔2007〕75号)文件和上市公司行业代码剔除未参与增值税转型试点的行业，研究样本仅包括装备制造业、石油化工业、冶金业、农业、采掘业和电力行业。②剔除 ST 和已退市的公司，剔除任何一年所有者权益小于或等于零以及相关财务指标缺的公司。③剔除记录不连续的公司。④剔除异常值，并对连续变量进行了 1% 和 99% 的 Winsorize 处理。

本书最终确定样本为 3433 个，其中处理组样本为 2897 个，对照组样本为 546 个，主要数据来源于 CSMAR 数据库。

6.3.2　变量定义

冗员（*Drestaff* 和 *Restaff*）：本书借鉴曾庆生、陈信元（2006）、曾庆生（2007）、薛云奎和白云霞（2008）、林高（2012）的方法，利用模型（6-6）估计出正常的雇员数的期望，实际雇员大于期望值的部分，即模型的正残差衡量冗员。

$$Staff_{i,t}=\alpha_0+\alpha_1\times size_{i,t}+\alpha_2\times fix_{i,t}+\alpha_3\times growth_{i,t}+\sum year+\sum indust+\varepsilon_{i,t} \quad (6-6)$$①

式中，i 代表公司下标；t 代表年份；$Staff_{i,t}$代表公司实际雇员数，以期末员工数与期末总资产（单位为百万元②）之比作为替代变量；$size_{i,t}$代表公司规模，以期末总资产的对数为替代变量；$fix_{i,t}$代表公司的资本密集程度，以期末固定资产占总资的比替代；$growth_{i,t}$代表公司成长率，以主营业务收入与上一年主营业务收入之比作为替代变量。

为了更详细地考察增值税转型对企业冗员的影响，本章从两个方面衡量企业冗员的状况：一是企业是否存在冗员，用哑变量 $Drestaff_{i,t}$作为替代变量，若模型（6-6）估计出的残差大于零，说明存在冗员，令其等于 1；其余情况为不存在冗员，该变量赋值为 0。二是用连续变量 $Restaff_{i,t}$衡量企业冗员规模，负担冗员的程度大小，即模型（6-6）估计出的正残差作为相应的替代变量。实证研究中涉及的其余相关变量的定义及计算方法见表 6-1。

---

① 曾庆生和陈信元（2006）、曾庆生（2007）认为，公司规模、资本密集度、公司成长性以及行业是企业决定用工规模最主要和最基本的因素，控制年度特征是由于其研究发现不同年份间的用工存在差异。

② 薛云奎和白云霞（2008）也采用百万元为单位进行标准化的。

表 6-1 主要变量及定义

分类	变量名称	含义	计算方法	相关文献
因变量	$Drestaff_{i,t}$	冗员哑变量	模型(6-6)估计出的残差大于零=1；否则=0	
	$Restaff_{i,t}$	冗员规模	模型(6-6)估计出的正残差	曾庆生、陈信元(2006)、林高(2012)、薛云奎、白云霞(2008)
自变量	$Aft_{i,t}$	时间哑变量	2009年及以后=1，2009年以前=0	聂辉华等(2009)、万华林等(2012)
	$Ref_{i,t}$	地区哑变量	非试点地区=1，试点地区=0	聂辉华等(2009)、万华林等(2012)
	$I_{i,t}/K_{i,t-1}$	当期新增投资	(固定资产原值、在建工程净值、工程物资三项增加值)/期初固定资产净值	梅丹(2005)、袁玉平等(2008)、屈文洲等(2011)
	$Mar_{i,t}$	市场化进程	《中国市场化指数：各地区市场化相对进程2011年报告》	余明桂(2010)、邓建平、曾勇(2011)
控制变量	$Age_{i,t}$	公司年龄	公司成立年龄的自然对数	于文超和何勤英(2012)、万华林等(2012)、逯东等(2011)
	$Effi_{i,t}$	资产周转率	营业收入/年均总资产	于文超、何勤英(2012)、万华林等(2012)、逯东等(2011)
	$Debt_{i,t-1}/Assets_{i,t-1}$	期初资产负债率	总负债/总资产	Ascioglu et al.(2008)、屈文洲等(2011)
	$Fshr_{i,t}$	股权集中度	前五大股东的持股比例之和	Shleifer 和 Vishny(1986)、屈文洲等(2011)

6.3.3 模型设计

为了更深入地考察增值税转型对企业冗员的影响，同时也考虑到增值税转型政策的具体内容直接作用于固定资产投资，本章运用 DID 分析法构建以下两个模型对前文提出的假设进行检验：

$$\text{Drestaff}_{i,t}\ \text{or}\ \text{Restaff}_{i,t}=\beta_0+\beta_1\text{Aft}_{i,t}+\beta_2\text{Ref}_{i,t}+\beta_3 I/K_{i,t}+\beta_4\text{Aft}_{i,t}\times\text{Ref}_{i,t}+\beta_5\text{Aft}_{i,t}\times\text{Ref}_{i,t}\times I/K_{i,t}+X'\beta+\varepsilon_{i,t} \quad (6-7)$$

$$\text{Drestaff}_{i,t}\ \text{or}\ \text{Restaff}_{i,t}=\beta_0+\beta_1\text{Aft}_{i,t}+\beta_2\text{Ref}_{i,t}+\beta_3 I/K_{i,t}+\beta_4 Mar_{i,t}+\beta_5\text{Aft}_{i,t}\times\text{Ref}_{i,t}+\beta_6\text{Aft}_{i,t}\times\text{Ref}_{i,t}\times I/K_{i,t}\times Mar_{i,t}+X'\beta+\varepsilon_{i,t} \quad (6-8)$$

在模型(6-7)中，对于因变量$Drestaff_{i,t}$，由于是二元变量，我们采用Probit回归；对于因变量$Restaff_{i,t}$，我们采用最小二乘回归，模型(6-8)作同样的处理。在模型(6-7)中对I/K求偏导，当且仅当$Aft=Ref=1$时，I/K的系数为($\beta_3+\beta_5$)；其余情况I/K的系数为β_3。对于β_3的符号，无法预测，如果$\beta_3>0$，说明投资与劳动投入主要呈替代关系，增加了冗员；若$\beta_3<0$，说明投资与劳动投入主要呈互补关系，减少了冗员。根据前文分析，我们同样主要关注的是反映增值税转型政策效果的地区哑变量和时间哑变量与投资的交互项，即β_5的符号。在模型(6-7)中，若$\beta_5>0$，表明增值税转型因资本和劳动的替代作用而增加的企业冗员，加重了企业负担；如果$\beta_5<0$，说明增值税转型通过刺激投资减少了存在冗员的企业，缓解了企业冗员的程度。考虑到企业所处地区的差异，并且在理论上政府干预是影响企业冗员的重要因素，市场化在很大程度上可以反映政府干预的程度，因此，我们利用模型(6-8)考察增值税转型在考虑市场化程度时对冗员影响的情况。与模型(6-7)类似，我们主要关注β_6的情况，如果β_6显著大于零，说明市场化程度越高的地区，增值税转型使企业更倾向于用资本来代替劳动，从而增加冗员；如果β_6显著小于零，说明市场化程度越高，增值税转型刺激投资带来的规模效应越大，冗员消化的越多。

6.3.4 描述性统计

回归模型中相关变量的描述性统计结果(见表6-2)。从结果中我们可以看出，标准化后的实际雇员的最大值为14.02，标准差为1.16，表明企业间雇佣水平还是存在较大的差距，作为因变量，冗员最大值为11.56，均值为0.96，标准差为1.13，表明超额雇佣行为在我国较为严重，要素的配置效率还有待提高，企业间的冗员程度也存在一定差异。

表 6-2 主要变量的描述统计结果

变量名	均值	中值	标准差	最小值	最大值
实际雇员数(*Staff*)	1.37	1.08	1.16	0.00	14.02
冗员规模(*Restaff*)	0.96	0.62	1.13	0.00	11.56
规模(*Size*)	21.56	21.42	1.13	18.54	28.14
固定资产比率(*Fix*)	0.31	0.28	0.16	0.00	0.92
销售收入成长性(*Growth*)	1.28	1.16	1.50	0.09	63.00
投资(*I/K*)	0.56	0.27	1.95	0.00	72.39
公司年龄(*Age*)	2.53	2.56	0.34	0.69	3.22
资产周转率(*Effi*)	0.82	0.69	0.56	0.00	6.61
资产负债率(*Debt*)	0.47	0.48	0.17	0.02	1.00
市场化指数(*Mar*)	8.54	8.53	2.02	0.38	11.80
股权集中股(*Fshr*)	53.10	53.51	14.63	10.19	97.89

表6-3和表6-4列示了模型(6-7)和模型(6-8)主要变量的相关系数。从表中我们可以看到，无论是采用哑变量还是连续变量衡量企业冗员，投资及市场化程度都与其表现出了负相关关系，说明投资对雇佣行为的影响，互补效应大于替代效应，总体上仍显示出对就业的拉动作用；市场化进程也对劳动要素的流动起到了正向影响，从而与冗员呈负相关关系，其余变量不再一一赘述。鉴于相关系数分析的局限性，我们将进一步在回归分析中确定各变量之间的关系。

表 6-3 主要变量的 Pearson 相关系数(1)

变量	*Drestaff*	*I/K*	*Mar*	*Age*	*Effi*	*Debt*	*Fshr*
Drestaff	1.000						
I/K	−0.052	1.000					
Mar	−0.061	−0.018	1.000				
Age	−0.003	−0.035	−0.079	1.000			
Effi	0.131	0.009	0.099	0.001	1.000		
Debt	0.019	−0.023	−0.068	0.228	0.064	1.000	
Fshr	0.034	0.082	0.025	−0.339	0.087	−0.076	1.000

注：以冗员哑变量(*Drestaff*)为因变量的模型。

表 6-4 主要变量的 Pearson 相关系数(2)

变量	*Restaff*	*I/K*	*Mar*	*Age*	*Effi*	*Debt*	*Fshr*
Restaff	1.000						
I/K	-0.041	1.000					
Mar	-0.045	-0.018	1.000				
Age	-0.014	-0.035	-0.079	1.000			
Effi	0.116	0.009	0.099	0.001	1.000		
Debt	-0.051	-0.023	-0.068	0.228	0.064	1.000	
Fshr	0.027	0.082	0.025	-0.339	0.087	-0.076	1.000

注：以冗员连续变量(*Restaff*)为因变量的模型。

6.4 实证分析与结果检验

6.4.1 增值税转型对冗员的影响检验

模型(6-7)的回归结果列示于表 6-5 中，我们可以看到，在全样本情况下，*I/K* 的系数为负，但并不显著，说明投资对企业雇佣行为仍体现出一定的收入效应。第 1 列 *Aft×Ref×I/K* 的回归系数为-0.446，并且在 1%的水平上显著，表明增值税转型通过刺激投资，企业扩大再生产规模，明显地消化了剩余劳动力，显著减少了存在冗员的企业。从增值税转型对冗员规模(*Restaff*)的影响来看，第 4 列 *Aft×Ref×I/K* 的回归系数为-0.077，*t* 值在 1%的水平上显著，说明增值税转型通过投资，扩大规模，从缓解冗员和隐性失业规模方面，同样起到了积极的效果，使企业的富余劳动力更充分地就业，提高了劳动的边际效率，从而支持了假设 6.1b 收入效应的假说，拒绝了假设 6.1a 替代效应的假说。

表 6-5 模型(6-7)的回归结果

变量	冗员哑变量(*Drestaff*)			冗员规模(*Restaff*)		
	全样本(1)	国企(2)	非国企(3)	全样本(4)	国企(5)	非国企(6)
Aft	0.112	0.088	0.391	-0.118*	-0.099	-0.099
	(0.99)	(-0.70)	(1.43)	(-1.70)	(-1.34)	(-0.89)

续表

变量	冗员哑变量(*Drestaff*)			冗员规模(*Restaff*)		
	全样本(1)	国企(2)	非国企(3)	全样本(4)	国企(5)	非国企(6)
Ref	0.034 (0.51)	-0.068 (-0.83)	0.406*** (3.12)	0.001 (0.02)	-0.061 (-1.05)	0.160*** (3.18)
Aft×Ref	0.005 (0.04)	0.086 (0.59)	-0.332 (-1.14)	0.038 (0.50)	0.08 (0.95)	-0.094 (-0.75)
I/K	-0.104 (-1.08)	-0.04 (-0.47)	-0.491* (-1.90)	-0.022 (-0.89)	-0.014 (-0.61)	-0.119** (-2.14)
Aft×Ref×I/K	-0.446*** (-2.76)	-0.490*** (-3.61)	-0.268 (-0.89)	-0.077*** (-3.41)	-0.065** (-2.10)	-0.03 (-0.52)
Age	0.027 (0.52)	0.098 (1.54)	-0.066 (-0.72)	-0.064** (-2.05)	0.061 (1.61)	-0.189*** (-3.84)
Effi	0.376*** (6.70)	0.368*** (6.10)	0.391*** (3.83)	0.094*** (2.73)	0.099* (1.88)	0.129*** (3.61)
Debt	0.015 (0.33)	-0.031 (-0.54)	0.094 (1.17)	-0.145*** (-5.19)	-0.177*** (-4.84)	-0.083* (-1.83)
Fshr	0.139*** (2.77)	0.076 (1.24)	0.260*** (2.83)	-0.026 (-1.07)	-0.041 (-1.31)	0.046 (1.04)
常数项	-0.957*** (-4.11)	-0.991*** (-3.00)	-1.593*** (-3.95)	2.051*** (6.79)	1.579*** (3.77)	1.394*** (3.32)
N	3443	2114	1329	1308	838	470
Adj. R^2				0.058	0.065	0.103

注：参数估计值下方括号内第1~3列为 *z* 值；第4~6列为 *t* 值。***、**、*分别表示在1%、5%、10%的水平上显著。

6.4.2 增值税转型对冗员影响的进一步检验

现有研究表明，企业的冗员产生与企业的产权性质存在千丝万缕的联系，那么增值税转型政策对不同的企业所起的效果有区别吗？本章在模型(6-7)的基础上，根据企业的产权特征，对国企和非国企进行了分组检验，回归结果列示于表6-5。从表中我们可以看到，无论是从对冗员哑变量 Drestaff，还是从对冗员连续变量 Restaff 的回归结果，国企都表现出较为显著的效果。在对冗员哑变量 Drestaff 的回归中，第 3 列 *Aft*×*Ref*×*I*/*K* 的回归系数为-0.49，*t* 值仍在 1%的水平上显著；对连续变量 *Restaff* 的回归中，第 5 列*Aft*×*Ref*×*I*/*K* 的回归系数为-0.065，*t* 值仍在 5%的水平上显著；即无论在减少冗员企业数量方面，还是在消化企业冗员的规模方面，增值税转型都起到了积极的作用，而非国企在这方面虽然显现出一定的效应，但并未表现出特别明显的效果。这也从另一个角度验证了国有企业的多重目标，过多的政策性和社会性负担给企业造成了大量冗员及隐性失业的研究结论。而非国有企业在雇佣行为上自由裁量权更大，政策性负担更小，生产要素、资源的配置效率则更高，本身负担的冗员较小，因而对政策在这些方面的作用反应不如国有企业敏感。从而假设 6.2 得以验证。

按照理论分析，政府干预也是企业产生冗员的重要因素，我们用市场化进程作为政府干预的替代变量进一步对增值税转型基于市场化的差异，对冗员产生的作用和影响进行探析，其回归结果列示于表 6-6。从结果中我们可以发现，将市场化因素纳入回归模型后，在对冗员哑变量(*Drestaff*)的回归中，第 1 列 *Aft*×*Ref*×*I*/*K*×*Mar* 的回归系数为-0.336，在 5%的水平上显著；在对冗员连续变量(*Restaff*)的回归中，第 2 列的 *Aft*×*Ref*×*I*/*K*×*Mar* 的回归系数为-0.078，在 1%的水平上显著。这表明市场化确实在很大程度上影响着政策效应的发挥，市场化程度高的地区政府干预小，要素市场较为发达，在假定其他条件相同的情况下，生产要素包括劳动力进入和退出生产领域都较为容易。因此，增值税转型政策刺激投资，扩大生产规模受到的各方面的制约较少，更容易发挥政策效应，企业对政策刺激的反应也更为敏感，实证结果支持了假设 6.3a，拒绝了假设 6.3b。

表 6-6　模型(6-8)的回归结果

变量	冗员哑变量(*Drestaff*)	冗员规模(*Restaff*)
	(1)	(2)
Aft	0.083	-0.10
	(0.70)	(-1.40)

续表

变量	冗员哑变量(*Drestaff*)	冗员规模(*Restaff*)
	(1)	(2)
Ref	0.045 (0.67)	0.007 (0.15)
Aft×*Ref*	0.026 (0.19)	0.015 (0.19)
Mar	−0.154*** (−3.23)	0.004 (0.14)
I/K	−0.127 (−1.20)	−0.021 (−0.87)
Aft×*Ref*×*I/K*×*Mar*	−0.336** (−2.27)	−0.078*** (−3.03)
Age	0.034 (0.64)	−0.069** (−2.16)
Effi	0.382*** (6.69)	0.098*** (2.76)
Debt	−0.015 (−0.32)	−0.148*** (−5.20)
Fshr	0.148*** (2.90)	−0.035 (−1.41)
常数项	−0.644** (−2.55)	1.923*** (6.49)
N	3324	1272
Adj. R^2		0.056

注：参数估计值下方括号内第1列为 z 值；第2列为 t 值。***、**、*分别表示在1%、5%、10%的水平上显著。

6.4.3 稳健性检验

为了使研究结果更加稳健，本章分别用“固定资产原值的增加值/期初固定资产净值”和“购进固定资产、无形资产和其他长期资产支付的现金/期初固定资产净值”作为模型(6-7)中投资(I/K)的替代变量，主要变量回归结果如表6-7所示，由于篇幅所限，此处未列出控制变量的结果。上述稳健性检验结果依然表明了增值税转型对冗员的缓解作用，与本章主要发现一致。

表6-7 基于模型(6-7)的稳健性回归结果

变量	稳健性检验1		稳健性检验2	
	Drestaff(1)	*Restaff*(2)	*Drestaff*(3)	*Restaff*(4)
Aft	0.077	−0.087	0.161	−0.07
	(0.66)	(−1.27)	(1.36)	(−1.03)
Ref	0.038	0.025	0.10	0.034
	(0.57)	(0.53)	(1.48)	(0.8)7
Aft×*Ref*	0.062	0.005	−0.087	−0.046
	(0.48)	(−0.06)	(−0.66)	(−0.60)
I/K	−0.083	−0.008	−0.431***	−0.096***
	(−1.01)	(−0.56)	(−3.30)	(−3.49)
Aft×*Ref*×*I/K*	−0.585***	−0.078***	−0.22*	−0.060**
	(−4.18)	(−3.94)	(−1.81)	(−2.13)

注：参数估计值下方括号内第1列和第3列为z值；第2列和第4列为t值。***、**、*分别表示在1%、5%、10%的水平上显著。第1、2列用“固定资产原值的增加值/期初固定资产净值”作为投资(I/K)的替代变量；第3、4列用“购进固定资产、无形资产和其他长期资产支付的现金/期初固定资产净值”作为投资(I/K)的替代变量。

6.5 本章小结

增值税转型的最终目标是通过税负的降低，促进企业投资，激发企业活力，促进技术进步，提高资源配置的效率。虽然增值税转型政策的具体实施内容与固定资产投资相关，但企业是一个有机整体，资本和劳动作为企业生产和再生产得以维系的、最基本的两大要素，资本投入的变化会引起劳动投入产生什么样的变化，增值税转型会对企业劳动的投入产生影响吗？如果会，会产生什么样的影响？本章从企业超额雇佣的角度，从理论和实证两个层面研究了增值税转型对企业冗员的影响。主要研究结论如下：

理论上，增值税转型对企业冗员可能从两个维度产生影响，一是由于购入固定资产进项税的抵扣降低了资本成本，从而提高了劳动对资本的相对价格，使资本对劳动产生替代效应，减少劳动的使用，增加企业冗员。二是投资会带来规模的扩大，产生减税所带来的收入效应，增加劳动的使用，从而减少企业的冗员，提高劳动力的生产效率。实证结果表明，减税带来的收入效应大于资本对劳动的替代效应，从而总体上缓解了企业冗员，这不仅减少了冗员企业的数量，也缓解了存在冗员的企业所承担的相应负担。

考虑到冗员形成的原因，我们将企业产权性质和市场化因素纳入分析框架。实证结果表明，国企由于本身承担的冗员负担大于非国企，所以增值税转型对其缓解作用更为明显，非国企在这个方面则并未表现出太明显的政策效应。市场化程度越高的地方，增值税转型政策在这方面的效果越好，说明进一步加强国有企有改革、推进市场化进程改革对宏观经济政策的影响巨大。

7 增值税转型的经济后果：对企业绩效的影响

7.1 问题的提出

在本书前述章节，我们探讨了增值税转型改革对企业融资约束、企业投资及增值税转型的经济后果之一——企业冗员的影响。本章将在此基础上从企业绩效的角度进一步研究增值税转型的经济后果。通过前面章节对增值税转型相关文献的回顾，我们可以发现，现有文献可以归纳为两个方面：一是从“量”的角度去考察增值税转型对投资规模的影响；二是从财务指标的角度衡量增值税转型带来的经济效益。关于企业绩效的衡量大多数研究从以下三个方面进行度量。

会计指标：以会计信息为基础，以杜邦财务分析体系为主的财务指标（如ROA、ROE、EPS等），经常被用来衡量公司在不同方面的绩效。其优点在于数据较容易获取，缺点在于不能完全反映企业在会计政策上选择的差异，容易被操纵和异化。Bester（1985）专门剖析了利润等会计指标衡量公司业绩的不足。股票收益：在事件研究法中通常用股票的超额回报来度量公司的业绩。因其需要精确地定义事件日，所以在研究中的应用仍受到一定的限制。

Tobin'Q 值：Wernerfelt 和 Montgomery(1988)最早运用 Tobin'Q 值来度量企业的绩效，Lang 和 Stulz(1994)认为，在完美市场下，市场价值是未来现金流现值的无偏估计。因此，Tobin'Q 可以避免使用超额股票回报作为替代变量带来的事后度量产生的偏差，用以衡量企业的绩效。但是 Tobin'Q 值的计算是以市场有效性为假设前提的，特别是在我国资本市场还不够发达的情况下，这为其作为绩效衡量的替代变量的有效性带来了极大的挑战。

Schoar(2002)在研究 1977—1995 年美国制造业的收购行为时发现，相对财务指标而言，全要素生产率(TFP)更适合刻画企业的长期绩效。李捷瑜和江舒韵(2009)、于文超和何勤英(2012)、阳佳余(2012)在对企业绩效的相关研究中也采用全要素生产率(TFP)来度量企业绩效。此外，本书前述章节是从资本和劳动两种最基本的生产要素出发，来考察增值税转型的影响效果。因此在本章，我们从全要素生产率的角度来考察增值税转型对企业长期绩效的影响，更有利于保持全书在逻辑上的连贯性和完整性。

不可忽略的是，企业的产权性质、行业特征以及融资约束对企业投资决策及其经济后果都有非常重要的影响。将这些因素纳入增值税转型对企业长期绩效的研究范畴中，从多个维度去审视宏观经济政策对微观个体的作用效果既是重要的也是必要的。

本章接下来的内容安排如下：第二部分为理论分析与研究假说，第三部分为研究设计与描述性统计，第四部分为实证分析与结果检验，第五部分为结论。

7.2 理论分析与研究假说

增值税从生产型转为消费型，其核心区别体现在对待购进固定资产的增值税进项税额的处理上。在实行生产型增值税的条件下，购进固定资产的进项税额不能抵扣当期的销项税，进项税额计入固定资产原值核算，进入折旧基数；消费型增值税是指固定资产的进项税额当期即可全额抵扣销项税，不再计入固定资产原值。

这种变化至少可以通过以下三条途径影响企业的绩效。

途径之一是通过对企业现金流产生影响而实现的。从宏观经济的角度，税收影响投资的途径之一是将税收转化为储蓄（杨之刚等，2000）；引证到微观企业行为，增值税从生产型转为消费型，由于购进固定资产的进项税额可以抵扣，直接增加了企业当期的经营现金净流量，相当于把原政策条件下应支付的税收支出转化为企业的储蓄，为增加企业投资，扩大企业规模提供了可能。已有研究表明（Auerbach，1986；Cutler，1988），税收如果减少了企业的现金流出，会提升企业的投资意愿，使其投资的需求曲线发生移动，增加企业投资的可能，即投资与其他消费行为之间的替代效应，减税会促使企业用投资来替代非投资行为。

按照税收经济学理论，税收对厂商行为产生影响的一个重要方面是收入效应。减税会增加厂商可支配的生产要素，从而提高厂商的生产能力，提升其扩大投资规模的能力。而投资规模的扩大为规模经济的实现提供了条件，从而为企业提高投入产出比、提升绩效奠定了基础。从宏观经济学的角度，减税政策对投资的促进作用源于供给学派的减税理论。20 世纪 70 年代，供给学派一反传统的凯恩斯主义的需求管理政策，主张从供给方面入手，通过减税刺激投资、储蓄和工作的积极性，拉动就业和经济增长。供给学派的学者之一 Robert A. Mundell（1999）认为，高税收会打击企业的投资积极性，抑制经济的发展。他给出的税率上限是 30%，并且认为任何国家一旦税率超过 30%，人们的注意力就会从如何创造更多的收入转向如何避税。所以，在经济衰退过程中，政府应该减税。他所主张的减税，主要是削减边际税率，从而有效地增加投资收益，形成“减税—增加投资—提高就业—经济增长”的良性循环。宏观经济的增长源泉是微观企业绩效的提升，增值税转型是基于税基进行的减税政策，按照供给学派的逻辑，这种减税效应会刺激企业投资和生产动力，为提升企业绩效提供坚实的基础。

供给学派的代表人物阿瑟·拉弗设计了著名的拉弗曲线，描述了税率与经济增长之间的辩证关系，强调了高税率不一定能取得高收入，高收入也不一定需要高税率。因为高税率会抑制经济主体从事经济活动的动力，进而削减了课税的基础。相反，如果经济活力提高了，税基扩大了，即使是较低的税率水平，也可以取得较高的税收收入。拉弗曲线是20世纪80年代“里根复兴计划”的重要理论来源，为当时的西方国家走出经济低谷提供了一个新的视角，并且供给学派对西方20世纪80年代以来税制的巨大影响以及在创造美国90年代经济增长奇迹中的作用已由实践所证明。用该理论的原理解释增值税转型对微观企业的效应，可以得出以下结论，增值税转型通过固定资产进项税的抵扣，降低了企业的实际税负，增强了企业从事经济活动的活力，经济活动活力的增加更有利于企业长期绩效的提升。

途径之二是基于技术进步带来的影响。如前文所述，由于政策效应，企业会增加投资，同时，势必选择技术水平优于原技术水平的设备，从技术进步的角度提升绩效。

途径之三在于新增投资对企业生产的影响。新增投资假说(Cutler，1988)认为，在减税的情况下，新增资产的投资成本会更低，投资收益率会高于企业现有资产投资收益率。如果企业的新增投资比例很低，企业的绩效将主要由效益较低的现有资产收益率决定，那么减税所增加的公司绩效会在一定程度上被现有资产价值的下降所抵消(Auerbach，1986；Cutler，1988；Hassett和Hubbard，2002)。但若是新增资产带来的效益能超过现有资产价值下降的损耗，企业的绩效会在原有基础上得到整体提升。其实，即便新增资产的价值不能完全抵消存量资产价值的下降，也起到了延缓企业绩效下降的作用，对企业绩效也起到了正向的提升作用。Cutler(1988)研究发现，在减税的情况下，新增投资的成本更低、收益更高，更利于公司价值的提升。因此，在其他情况不变的条件下，新增投资能弥补现有资产价值的下降以及生产能力的下降，从而提升企业的绩效。

此外，投资决策的形成在很大程度上受制于企业的融资约束程度。融资约束程度的强弱不仅决定着投资规模的大小，也决定着资本成本的大小，进而影响着企业的资源配置和生产效率。企业是具有异质性的，不同的企业融资约束是有差异的，当面临相同的政策变量时，企业基于融资约束做出的投资决策是不一样的。融资约束较高的企业由于其投资能力有限，政策对其的刺激作用可能很难发挥，呈现“巧妇难为无米之炊”的尴尬局面。融资约束程度较低的企业的投资能力、资源调配能力较强，对政策的刺激有能力做出一定的反应，但因其有能力使现有的资本投入、资源配置水平达到比较合理的状态，政策对这类企业的促进作用不会太强。因此，本章提出假设 7. 1：

H7. 1：增值税转型能提升企业绩效，并随着企业融资约束的变化呈倒 U 形关系。

宏观经济学认为，制度是对过去变量的反应，在政策需求与供给之间永远存在时滞。科斯等(1991)也指出，政策供给与政策需求之间必然存在某种时间落差，这是政策供给的自然滞后。一方面，由于公共政策具有滞后性，制度出台后，在实施过程中各主体的博弈行为会导致的新制度暂时无法发挥作用(向玉琼，2007)；另一方面，企业从可选择的最佳安排到实际经营之间所需的时间也会产生时滞(科斯等，1991)。因此，增值税转型改革作为一项公共政策，其政策效应不会立刻显现。由此，本章提出假设 7. 2：

H7. 2：增值税转型对企业绩效的促进作用呈逐年显现状态。

不可忽略的是，在中国制度背景下，产权因素在很大程度上影响着企业的财务决策以及由此产生的经济后果。虽然国企改革已经取得了丰硕的成果，但相对非国企而言，国企仍面临较为严重的所有者缺位和内部人控制的问题(Laffont et al.，1993；杨瑞龙，1995；青木昌彦、钱颖一，1995)：过长的代理链条加剧了信息传递的时滞和成本，影响了决策的效率，从而降低了对政策反应的敏感程度。从政府干预的角度来看，国企受到的政府干预强于非国企，由于政府干预给国企施加的政治诉求和过多的社会责任，国企在生存发展过程中承担着多重目标，各目标之间利益的权衡也会延缓对宏观经济政策的反应。从国企的人事任免体制来看，大多数高管仍采用组织人事任命的方式进行，其晋升大权掌握在组织部门手中，“亦官亦商”的身份使国企高管在管理决策时不可避免地会考虑政治晋升的因素。从激励机制来看，国企整齐划一的薪酬激励以及薪酬管制对于高管难以起到真正的激励作用(陈冬华等，

2005)，这些因素都会导致国企对外界政策环境的变化不如非国企敏感。由此，本章提出假设7.3：

H7.3：增值税转型对企业绩效的促进作用，非国企强于国有企业。

增值税转型政策的目标是降低企业税负，优化产业链，促进产业升级。另外，企业所处的行业特征、技术构成在很大程度上影响着企业的生产效率、价值转化。骆阳、肖侠(2010)在对江苏省增值税对税负影响的调研中发现，高新技术产业的受益程度明显高于非高新技术。那么，增值税转型对高新技术生产效率又会产生什么影响呢？马永强(2004)指出，高新技术企业具有高投入性、高增值性的特点，技术的形成能对产品性能、生产效率、资源利用率产生极大的正向影响。所以，高新技术企业为获取更大的收益会更有动力增加投入，同时由于其高增值性的特点，投入的价值转化率也会高于其他企业。因此，高新技术企业对政策反应的敏感度也就要强于非高新技术企业。由此，文章提出假设7.4：

H7.4：增值税转型对企业绩效的促进作用，高新技术企业强于非高新技术企业。

7.3 研究设计与描述性统计

7.3.1 数据来源

本章以2009年后实施增值税转型的相关行业的A股上市公司作为处理组样本，将试点地区的上市公司作为对照组样本；以2007—2010年为研究期间，采用双重差分(DID)分析法检验本章的研究假设。

为保证研究结果的可靠性，本章对样本数据仍按第4章的方法做以下处理：①根据《关于印发〈东北地区扩大增值税抵扣范围若干问题的规定〉的通知》（财税〔2004〕156号)、《关于印发〈中部地区扩大增值税抵扣范围暂行办法〉的通知》（财税〔2007〕75号)文件和上市公司行业代码剔除未参与增值税转型试点的行业，研究样本仅包括装备制造业、石油化工业、冶金业、农业、采掘业和电力行业。②剔除 ST 和已退市的公司，剔除任何一年所有者权益小于或等于零以及相关财务指标缺的公司。③剔除记录不连续的公司。④剔除异常值，并对连续变量进行了 1%和 99%的 Winsorize 处理。

本书最终确定样本为 2662 个，其中处理组样本为 2302 个，对照组样本为 360 个，主要数据来源于 CSMAR 数据库。

7.3.2 主要变量的定义

（1）企业绩效（*TFP*）的衡量：我们利用全要素生产率（*TFP*）来刻画企业的绩效（Schoar ，2002）。借鉴李捷瑜和江舒韵（2009）、于文超和何勤英（2012）、阳佳余（2012）的研究，我们利用 Cobb-Douglas 生产函数回归：

$$\ln(Y_{it})=\alpha_0+\alpha_1\ln(K_{it})+\alpha_2\ln(L_{it})+\alpha_3\ln(M_{it})+\varepsilon_{it} \tag{7-1}$$

式中，i 代表公司下标；t 代表年份；Y_{it}代表公司产出，用当年主营业务收入衡量；K_{it}代表资本投入，用当年平均固定资产衡量；L_{it}代表劳动投入，用当年“支付职工以及为职工支付的现金”作为替代变量；M_{it}代表中间产品、原材料等投入，用“购买商品与劳务的现金流出”作为替代变理。在对模型（7-1）控制年份和行业后回归得到的残差便是全要素生产率（*TFP*）。

（2）融资约束（*Con*）的衡量[①]：采用本书第 4 章构建融资约束指标，综合内源融资约束指标（*INT*）和外源融资约束指标（*EXT*）对其进行衡量。即将期末现金持有量与总资产之比作为衡量内部积累的指标，用期末应收账款与其他应收款之和与期末总资产之比衡量企业作为商业信用供给方能力的大小。选取有形资产净值率、清偿比、流动性比率、资产收益率 4 个指标衡量外源融资约束的大小。将各单位指标分别按分位数值分为 5 组，按分位数值由低到高，相应的对其赋值 1～5，将这些指标的得分加总即得到企业的融资约束（*Con*）指标。这些指标越高，表明企业受到的融资约束越小。其他研究变量的定义及计算方法见表 7-1。

---

① 具体计算方法见第 4 章，本章末区分内源融资约束和外源融资约束指标。

表 7-1 主要变量及定义

分类	变量名称	含义	计算方法	相关文献
自变量	$Aft_{i,t}$	时间哑变量	2009 年及以后 = 1，2009 年以前=0	聂辉华等(2009)、万华林等(2012)
	$Ref_{i,t}$	地区哑变量	非试点地区 = 1，试点地区 =0	聂辉华等(2009)、万华林等(2012)
	$I_{i,t}/K_{i,t-1}$	当期新增投资	(固定资产原值、在建工程净值、工程物资三项增加值)/期初固定资产净值	梅丹(2005)、袁玉平等(2008)、屈文洲等(2011)
控制变量	$Effi_{i,t}$	资产周转率	营业收入/年均总资产	于文超和何勤英(2012)、万华林等(2012)、逯东等(2011)
	$Size_{i,t}$	规模	期末总资产的自然对数	Ascioglu et al.(2008)、屈文洲等(2011)
	$Age_{i,t}$	公司年龄	公司成立年龄的自然对数	于文超和何勤英(2012)、万华林等(2012)、逯东等(2011)
	$Debt_{i,t-1}/Assets_{i,t-1}$	期初资产负债率	总负债/总资产	Ascioglu et al.(2008)、屈文洲等(2011)
	$Mar_{i,t}$	市场化进程①	《中国市场化指数：各地区市场化相对进程 2011 年报告》	余明桂等(2010)、邓建平和曾勇(2011)
	$Inta_{i,t}$	研发投入	无形资产净额/营业收入	于文超和何勤英(2012)、李捷瑜和江舒韵(2009)
	$Ebit_{i,t}$	获利能力	息税前利润/营业收入	于文超和何勤英(2012)、李捷瑜和江舒韵(2009)
	$Fshr_{i,t}$	股权集中度	前五大股东的持股比例之和	Shleifer 和 Vishny(1986)、屈文洲等(2011)

7.3.3 模型设计

借鉴 Ashenfelter 和 Card(1985)、聂辉华等(2009)、万华林等(2012)的研究，同时考虑到增值税转型政策的具体实施内容与企业投资相关。本章利用

① 由于报告中缺少 2010 年的数据，2010 年的取值用 2008 年和 2009 年的平均值代替，邓建平和曾勇(2011)、余明桂等(2010)也采用同样的方法。

双重差分法构建以下模型对第二部分提出的假设进行检验：

$$TPF_{i,t}=\beta_0+\beta_1 Aft_{i,t}+\beta_2 Ref_{i,t}+\beta_3 I_{i,t}/K_{i,t-1}+\beta_4 Aft_{i,t}\times Ref_{i,t}+\beta_5 Aft_{i,t}\times Ref_{i,t}\times I_{i,t}/K_{i,t-1}+X'\beta+\varepsilon_{i,t} \tag{7-2}$$

式中，i 代表公司；t 代表年度。

模型(7-2)中，投资对企业长期绩效的促进作用体现在变量投资(I/K)的回归系数上，对 I/K 求偏导，当且仅当 $Aft=Ref=1$ 时，I/K 的系数为($\beta_3+\beta_5$)；其余情况 I/K 的系数为 β_3。根据前文分析，我们关注的是反映增值税转型政策效果的地区哑变量和时间哑变量与投资的交互项，即 β_5 是否显著大于 0，如果 $\beta_5>0$，说明增值税转型提升了企业的长期绩效。

7.3.4　描述性统计

回归模型中相关变量的描述性统计结果如表 7-2 所示。从结果中我们可以看出，作为因变量，企业绩效(TFP)的标准差为 0.27，自变量投资（I/K）的标准差为 1.21，这表明样本的投资水平和绩效都存在较大的差异。

表 7-2　主要变量的描述统计结果

变量名	均值	中值	标准差	最小值	最大值
TFP	-0.01	-0.05	0.27	-1.95	1.80
I/K	0.49	0.26	1.21	0.00	36.82
Effi	0.84	0.70	0.59	0.00	6.61
Size	21.58	21.44	1.13	18.27	28.14
Age	2.49	2.48	0.37	0.69	3.22
Debt	0.47	0.48	0.17	0.03	1.00
Mar	8.60	8.77	2.02	0.38	11.80
Inta	0.09	0.05	0.21	0.00	6.39
Ebit	0.11	0.09	0.26	-1.61	11.40
Fshr	51.91	52.06	14.92	10.19	97.89

表 7-3 列示了模型(7-2)中主要变量的相关系数，从表中我们可以看到，投资(I/K)与企业绩效(TFP)呈正相关关系，相关系数为 0.048，说明投资对绩效具有正向的促进作用。控制变量资产周转率、规模、企业年龄都与企业

绩效正相关，其余变量不再一一赘述。鉴于相关性分析存在一定的局限性，各变量间的关系需要在回归分析中进一步确认。

表 7-3 模型(7-2)主要变量的 Pearson 相关系数

变量	*TFP*	*I/K*	*Effi*	*Size*	*Age*	*Debt*	*Mar*	*Inta*	*Ebit*	*Fshr*
TFP	1.000									
I/K	0.048	1.000								
Effi	0.338	-0.016	1.000							
Size	0.087	0.045	0.123	1.000						
Age	0.064	-0.075	-0.003	0.139	1.000					
Debt	0.063	-0.021	0.100	0.354	0.237	1.000				
Mar	-0.031	0.004	0.098	-0.042	-0.122	-0.084	1.000			
Inta	-0.157	0.003	-0.220	-0.144	0.079	-0.038	-0.061	1.000		
Ebit	-0.041	0.024	-0.120	0.020	-0.010	-0.066	-0.005	-0.006	1.000	
Fshr	0.062	0.107	0.106	0.200	-0.372	-0.058	0.101	-0.074	0.035	1.000

7.4 实证分析与结果检验

7.4.1 增值税转型改革对企业绩效影响的整体检验

从表 7-4 中第 1 列我们可以看到，在全样本情况下，*I/K* 的符号为正，说明投资与绩效呈正相关关系，投资有助于企业绩效的提升。*Aft*×*Ref*×*I/K* 的符号在 1%的水平上显著为正，说明增值税转型显著提高了投资对企业绩效的正相关性，提升了企业的绩效。根据前文的分析，企业的融资约束程度在很大程度上影响和制约着企业的投资行为，影响着企业的绩效。我们将本章第三部分构建的融资约束指标(*Con*)，按分位数由低到高分为低、中、高三组，对样本进行分组检验，回归结果见表 7-4 第 2~4 列。从回归结果我们可以发现，三组样本 *Aft*×*Ref*×*I/K* 的回归系数和显著程度的变化呈倒“U”形。中等融资约束程度的企业绩效提升受增值税转型影响最大，该系数为 0.116，并且在 1%的水平上显著；从高融资约束组的 *Aft*×*Ref*×*I/K* 的回归系数和显著程度来看，增值税转型的作用基本没有得到太大的体现，可能该类企业确实是受到融资约束的影响制约了企业的投资能力，抑制政策作用的发挥；低融资约束组 *Aft*×*Ref*×*I/K* 的回归系数为 0.072，在 10%的水平上显著，说明增值税转型对低融资约束组仍有明显的促进作用，可能由于受融资约束程度较小，资源配置的效率本身已达到比较优化的程度，所以政策变化对其的刺激作用没有中等融资约束企业强，从而使假说 7.1 得到验证。

从分年回归的情况来看，增值税转型当年 *Aft*×*Ref*×*I/K* 的回归系数为 0.023，*t* 值为 0.19；转型的第二年 *Aft*×*Ref*×*I/K* 的回归系数为 0.099，*t* 值为 1.22，说明政策效应呈逐年显现的状态，从而假说 7.2 得到验证。

表 7-4　模型（7-2）全样本及分组检验

	TFP					
变量	全样本 (1)	高融资 约束组 (2)	中等融资 约束组 (3)	低融资 约束组 (4)	2009 年 (5)	2010 年 (6)
Aft	0.011 (0.23)	−0.043 (−0.64)	0.055 (0.61)	0.174** (2.04)		
Ref	−0.066** (−2.28)	−0.083* (−1.92)	−0.080* (−1.82)	0.067 (1.28)	−0.069 (−1.29)	−0.090** (−2.03)
Aft×*Ref*	−0.013 (−0.24)	0.052 (0.70)	−0.061 (−0.63)	−0.172* (−1.73)		
IK	0.042* (1.92)	0.084** (2.05)	0.004 (0.33)	0.101** (3.20)	0.089 (0.78)	0.01 (0.13)
Aft×*Ref*×*IK*	0.065*** (2.96)	−0.004 (−0.10)	0.116*** (3.65)	0.072* (1.67)	0.023 (0.19)	0.099 (1.22)
Effi	0.331*** (11.14)	0.473*** (13.64)	0.290*** (6.35)	0.248*** (5.73)	0.273*** (5.35)	0.372*** (6.22)
Size	0.002 (0.09)	−0.064** (−1.99)	0.054 (1.37)	0.061 (1.53)	−0.035 (−0.79)	0.026 (0.63)
Age	0.092*** (4.24)	0.113*** (3.96)	0.140*** (3.36)	0.118*** (2.86)	0.121*** (2.65)	0.051 (1.31)
Debt	−0.006 (−0.27)	0.135*** (4.51)	−0.001 (−0.03)	−0.004 (−0.12)	−0.034 (−0.80)	−0.012 (−0.24)

续表

TFP						
变量	全样本 (1)	高融资 约束组 (2)	中等融资 约束组 (3)	低融资 约束组 (4)	2009 年 (5)	2010 年 (6)
Mar	-0.047** (-2.38)	-0.084*** (-2.81)	-0.084*** (-2.72)	0.009 (-0.23)	-0.018 (-0.47)	-0.03 (-0.88)
Inta	-0.091*** (-2.71)	-0.092** (-2.20)	-0.027 (-0.30)	-0.044 (-1.02)	-0.162*** (-4.58)	-0.043 (-1.54)
Ebit	-0.009 (-0.09)	0.141*** (4.38)	-0.165** (-2.50)	0.220** (2.46)	-0.166* (-1.95)	0.182 (1.64)
Fshr	0.039* (1.95)	0.009 (0.34)	0.088** (2.41)	-0.017 (-0.44)	0.051 (1.27)	0.005 (0.13)
常数项	-0.229** (-2.03)	-0.20 (-1.20)	-0.612*** (-2.80)	-0.539** (-2.51)	-0.0496 (-0.24)	-0.314* (-1.76)
行业	YES	YES	YES	YES	YES	YES
N	2662	1100	825	737	693	762
R^2	0.142	0.283	0.161	0.147	0.147	0.158

注：参数估计值下方括号内为 *t* 值。***、**、*分别表示在 1%、5%、10%的水平上显著。

7.4.2 增值税转型改革对企业绩效影响的进一步检验

如前文所述，企业是具有异质性的，由于存在产权性质、行业特征的差异，当面临相同的政策变量时，企业做出的反应以及产生政策的效应有所不同。在对增值税转型影响生产效率的情况得出总体结论后，本章基于不同的视角，从多个维度进一步检验增值税转型对企业绩效的影响，具体回归结果见表 7-5。从回归结果中我们发现，当基于产权性质对样本进行分组检验时，非国企 $Aft \times Ref \times I/K$ 的回归系数为 0.114，并且在 1%的水平上显著，国企该系数为 0.009，并不显著。这说明增值税转型对企业绩效的提升作用非国企强于国企，从而假说 7.3 得到验证。

增值税改革的初衷是促进企业的技术进步，优化产业链。考虑到企业所处的行业不同，具有的技术特征不同，我们将样本按是否属于高新技术产业进行分组检验①。从表 7-5 第 3 列和第 4 列中我们可以看到，高新技术产业 *Aft*×*Ref*×*I*/*K* 的回归系数为 0.068，并且在 5%的水平上显著，非高新技术产业该系数为 0.053，并且在 10%的水平上显著。这说明增值税转型改革对高新技术产业和非高新技术产业的企业绩效均有促进作用，并且高新技术产业的提升作用大于非高新技术产业，从而假说 7.4 得以验证。

表 7-5　模型(7-2)基于不同视角的分组检验

	TFP			
变量	国企 (1)	非国企 (2)	高新技术产业 (3)	非高新技术产业 (4)
Aft	0.024 (0.48)	-0.116 (-0.98)	0.006 (0.07)	0.004 (0.08)
Ref	-0.068** (-2.16)	-0.132** (-2.13)	-0.097** (-2.03)	-0.069** (-1.97)
Aft×*Ref*	0.008 (0.15)	0.089 (0.70)	-0.022 (-0.26)	0.011 (0.17)
IK	0.046* (1.74)	0.023 (1.03)	0.026 (1.10)	0.052* (1.92)
Aft×*Ref*×*IK*	0.009 (0.28)	0.114*** (3.93)	0.068** (2.14)	0.053* (1.75)
Effi	0.435*** (9.61)	0.232*** (6.98)	0.372*** (10.39)	0.369*** (10.51)
Size	-0.041 (-1.48)	0.067* (1.88)	0.089** (2.27)	-0.052* (-1.95)
Age	0.042 (1.51)	0.173*** (5.06)	0.111*** (2.91)	0.062** (2.35)
Debt	0.048* (1.81)	-0.042 (-1.36)	-0.080** (-2.25)	0.062** (2.43)
Mar	-0.054** (-2.15)	-0.046* (-1.64)	-0.046 (-1.48)	-0.072*** (-2.97)
Inta	0.028 (0.74)	-0.183*** (-4.59)	0.013 (0.34)	-0.120*** (-3.57)

① 高新技术产业的认定标准依据国家统计局网站公布的《高新技术产业统计分类目录》：http：//www.stats.gov.cn/tjbz/t20061123_ 402369836.htm。

续表

TFP				
变量	国企 (1)	非国企 (2)	高新技术产业 (3)	非高新技术产业 (4)
Ebit	0.216*** (3.76)	-0.166** (-2.57)	-0.116 (-1.18)	0.184*** (3.25)
Fshr	0.019 (0.71)	0.082*** (2.70)	0.043 (1.22)	0.052** (2.27)
常数项	-0.0473 (-0.37)	-0.610*** (-2.71)	-0.725*** (-3.19)	0.02 (0.17)
行业	YES	YES	YES	YES
N	1647	1015	999	1663
R^2	0.195	0.201	0.180	0.186

注：参数估计值下方括号内为 *t* 值。***、**、*分别表示在 1%、5%、10%的水平上显著。

7.4.3 稳健性检验

为了保证研究结果的稳健性，本章分别用“固定资产原值的增加值/期初固定资产净值”和“购进固定资产、无形资产和其他长期资产支付的现金/期初固定资产净值”作为模型(7-2)中投资(*I/K*)的替代变量，主要变量回归结果如表 7-6 所示，由于篇幅所限，此处未列出控制变量的结果。上述稳健性检验结果与本书主要发现一致。

表 7-6 稳健性检验回归结果

TFP		
变量	稳健性检验 (1)	稳健性检验 (2)
Aft	0.024 (0.53)	0.025 (0.54)
Ref	-0.057** (-2.15)	-0.064** (-2.37)
Aft×Ref	-0.009 (-0.19)	-0.017 (-0.33)

续表

TFP		
变量	稳健性检验 (1)	稳健性检验 (2)
I/K	0.026** (2.39)	0.044** (2.41)
Aft×Ref×I/K	0.044** (2.05)	0.052** (2.25)

注：参数估计值下方括号内为 *t* 值。***、**、* 分别表示在 1%、5%、10%的水平上显著。第 1 列用“固定资产原值的增加值/期初固定资产净值”作为投资(I/K)的替代变量；第 2 列用“购进固定资产、无形资产和其他长期资产支付的现金/期初固定资产净值”作为投资(I/K)的替代变量。

7.5 本章小结

本章我们进一步利用企业绩效和公共政策评价方面的理论成果，从理论分析和实证检验两个方面探析了增值税转型改革对企业绩效的综合影响。

增值税从生产型转为消费型，通过减轻税负，改变了企业的现金流，增加了企业的可支配收入，增强了企业的投资能力；通过对投资的刺激，促进了企业的技术进步；提升了新增投资在整个企业生产过程中的作用，从而达到了提高企业长期绩效的效果。研究结论佐证了融资约束对政策所产生的经济后果的重要作用，增值税转型对企业绩效的影响随着融资约束程度的不同，呈倒“U”形变化，这可能受到企业本身的投资能力、现有的投资规模以及资源配置效率的影响，导致其对政策变化反应的差异。研究进一步发现，由于政策的时滞，其效应呈逐年显现的状态。当将企业产权性质、行业特征纳入分析框架后，研究发现：增值税转型对非国企长期绩效的促进作用大于国企，高新技术产业的受益程度高于非高新技术产业。

8 研究结论、不足及展望

8.1 主要研究结论

增值税转型能否达到预期的宏观调控目标取决于微观经济个体产出的变化，微观经济个体产出的变化则在很大程度上依赖于增值税转型对企业投资行为的影响。投资能否实现企业的最优投资水平，其融资约束起着至关重要的作用。本书正是沿着这条逻辑，研究了增值税转型对融资约束、投资行为及其经济后果——企业冗员和绩效的影响，得出了以下主要结论：

(1) 增值税转型对企业融资约束的影响。理论上，增值税转型可以通过以下三条途径对企业的融资约束产生影响：第一，增值税转型带来的进项税的抵扣效应，能够直接增加企业当期的经营现金流，增加企业的可支配收入，缓解企业的融资约束。第二，增值税转为消费型后，由于原来包含在固定资产原值中的进项税被抵扣，减小了折旧计提的基数，从而增加了企业的净利润，通过增强企业的内部累积，缓解企业的融资约束。第三，从利益相关者和信号传递理论的角度来看，一方面，政策的影响客观上会改变企业的外部生存环境；另一方面，政策变迁引起的各种效应会传递给外部利益相关者，使其重新评估自己的效用函数，根据利益最大化的原则相机调整其行为决策。由于政策变化的正面效应，利益相关者的行为选择会更有利于企业获取外部资源，对融资约束的缓解起到正向作用。

实证结果表明，第一，增值税转型能够有效地缓解企业的融资约束，但政策效应存在一定的时滞性，呈逐年显现的状态。第二，当进一步挖掘融资约束的具体情况时，研究发现，增值税转型的政策效应主要体现在对内源融资约束的缓解作用上，从这个角度也验证了政策的实施效果达到了促进企业投资、增强企业活力的目标。第三，为了进一步考察政策效果在不同情况下是否存在差异，本书结合企业产权因素、高管的金融背景以及企业所处地区的市场化程度进行了实证检验。研究发现，高管具有金融背景能明显地促进政策作用的发挥；市场化程度越高的地区，政策效果越好；国有企业对政策反应的敏感程度都要逊于非国企，政策效果不如非国企明显。

（2）增值税转型对企业投资行为的影响。增值税从生产型转为消费型，通过减轻税负，改变了企业的现金流，增加了企业的可支配收入，通过产生收入效应增强了企业的投资能力；增值税从生产型转为消费型还能够通过替代效应以及利用价格弹性原理对投资产生刺激作用，提升企业的投资水平。实证结果表明，第一，增值税转型能有效刺激企业的投资意愿，提升企业的投资水平。第二，增值税转型对非国企投资的促进作用明显强于国有企业。第三，将融资约束因素纳入分析框架后，研究发现，政策对低融资约束企业投资的刺激作用明显强于高融资约束企业，该研究结论也进一步佐证了企业融资约束程度对企业财务行为所产生的重要影响。

（3）增值税转型的经济后果。增值税转型对企业冗员所产生的影响。增值税转为消费型后，由于购进固定资产的进项税额可以当期全额抵扣，相当于减少了购入资产的实际支付价格，从而降低了资产相对于劳动的价格，引发要素间替代比改变，使资产更多地替代劳动；但减税的收入效应也会因生产规模的扩大，消化企业冗员，其终极效应取决于两种效应的相对大小。实证结果显示，第一，增值税转型无论在对冗员企业的数量还是对冗员规模上都体现出了缓解和消化的作用，说明增值税转型的政策效应主要还是体现在对投资规模的影响上，相对而言，对因进步技术带来的资本对劳动的替代效应仍然有限。第二，由于国有企业是各种因素导致的冗员堆积的“重灾区”，增值税转型带来的缓解效应在国有企业体现得较为明显。第三，与增值税转型对融资约束的缓解效应一样，我们再次发现市场化程度较高的地区，政策的效应发挥得更为充分。

增值税转型对企业长期绩效所产生的影响。第一，增值税转型通过缓解企业融资约束，促进企业投资，提升了企业的长期绩效。并且其政策效应呈倒“U”形变化，具有中等融资约束的企业政策效果最好，而强融资约束和弱融资约束的企业，效果要稍差一些。这种现象可能是由于强融资约束的企业确实受到融资问题的困扰，政策的优惠无法利用，只能“望洋兴叹”；而弱融资约束的企业在要素投入上受资金问题的限制较小，在原有的资源配置、生产效率的发挥方面就已经做到比较优化的状态了，因此政策的提升作用有限。这其实也从另一个角度证明了融资约束对企业的重要影响。第二，由于公共政策的时滞，其政策效应仍呈逐年显现的状态。第三，增值税转型对国企和非国企绩效的提升均显示出了较为明显的作用，非国企作用强于国企。第四，政策对高新技术企业的绩效提升作用强于非高新技术企业，这可能源于高新技术企业多数属于资本密集型，其行业特征具有高增值性，价值的转化能力强于非高新技术企业。因此，政策的效果要高于非高新技术企业，这也符合转型政策促进企业技术进步的目标。

8.2 政策启示

从上述研究结论中我们可以看到，增值税转型虽然对企业来说有诸多积极作用，但在政策作用的发挥过程中仍然存在一些问题。通过分析，我们可以得到以下五点政策方面的启示。

(1) 进一步深化对“营改增”的理解。2012 年 1 月开始实施的营业税改征增值税试点，其原理与增值税由生产型转为消费型类似：原来征收营业税的企业是将其销售收入作为计税依据，所购进的原材料、固定资产等所有的进项税都不能抵扣。改征增值税后，进项税可以进行抵扣了，其对企业财务行为的影响与增值税转型类似。因此，增值税转型改革的政策效应对“营改增”实施工作颇有参考价值。

（2）进一步加强国有企业改革和市场化进程的推进。在研究中我们发现，同样的政策变量针对不同的企业、行业及地区，政策实施的效果差异非常大。国有企业除冗员的影响外，其余政策反应都要弱于非国企，而冗员的形成恰恰又与国企的产权特征密切相关。这进一步说明国有企业的多重目标、所背负的过多的政治诉求以及严重的代理问题制约了企业的发展。国有企业是我国资本市场的主体，从行业分布上看，也占据着关乎国计民生的重要行业，它们的健康发展不仅有利于企业自身，也有利于资本市场的良性成长。因此，国有企业改革仍需进一步加快步伐。我们不止一次地发现市场化程度对政策效果的重要影响，虽然我国在改革开放以来，市场化改革已取得巨大进步，但其发展的不均衡仍然制约着企业生存的发展。因此，我们为了给企业营造一个更公平、更有利的外部环境，使企业的资源配置更多地以市场方式完成，推进市场化改革仍任重而道远。

（3）完善政策评价体系，加强政策效应反馈机制建设。政策效应的滞后问题在研究中也有发现。虽然对公共政策而言，政策滞后属于自然现象，但滞后期的长短也影响着政策作用的发挥。因此，完善政策评价体系，加强政策反馈机制的建设，缩短政策反应滞后期，既有利于政策更顺畅地达到其目标，使其更好地调整和完善相应的措施，也利于企业更快地享受政策调整带来的好处，帮助其更好地调整经营决策，提高企业的经营业绩，提升企业的价值。

（4）多渠道缓解企业的融资约束。融资约束不仅困扰着企业的发展，也影响着税收政策的作用效果。从股权融资来看，由于我国的资本市场欠发达，增发股票的管制和高门槛让很多企业难以通过增资扩股这条途径解燃眉之急，非上市公司股权融资更是难上加难。从债权融资来看，企业仍主要通过银行信贷这一比较单一的渠道解决，加之国企与非国企在银行信贷问题上面临的非一致性待遇，使非国有企业在债权融资这条路上更加举步维艰。因此，我们应加快债券市场的发展，完善信托、融资租赁等多渠道的融资途径，为企业更好地享受税收政策带来的红利创造更好的外部环境。

（5）加强人力资源管理、完善公司治理水平。增值税转型能够刺激企业扩大规模和更新技术设备，但同时，规模的扩大和企业技术能力的提升却严峻地考验着企业的人力资源管理和公司治理的水平。如果员工素质和水平得不到相应的提升，公司的管理、治理水平达不到相应的水准，不仅会抑制新增投资效率的发挥，还会影响原有投资效率的发挥。企业的人、财、物各种生产要素必须在相应的治理机制和管理水平下协调统一，才能使生产效率最大化，实现企业价值最大化的目标。

8.3 研究局限

本书的研究存在以下三个方面的不足：第一，从研究内容上看，增值税转型对企业会产生诸多方面的影响，本书仅从融资约束、投资这条逻辑主线进行了研究，对经济后果的分析也仅考虑了冗员和绩效两个方面，从研究内容上还有待进一步丰富和完善。此外，由于税收政策具有复杂性，企业不止涉及增值税这一个税种，而本书未考虑税种间产生的交互影响及税收优惠因素的影响。第二，从研究模型上看，由于增值税属于价外税，其税负没有体现在财务报表中，表外披露也非常有限。因此，对企业增值税负担及相应变化，未能获取更具体的数据，做更细化的分析。本书在模型设计上选择了以DID分析法为基础进行拓展，研究方法还需进一步多样化。第三，从样本时间选择上看，政策的作用可能还没有完全体现，可能造成研究结论的偏差。

8.4 未来研究展望

税收作为政府参与企业生产经营和分配活动的重要方式，对企业的方方面面产生着重大影响。通过不同的税种，税收调节和控制着企业生产经营的不同环节，最终影响着企业的绩效和价值。虽然税收问题在企业财务的研究中很早就引起了学者们的重视，但到目前为止，研究还是较为零散，没有形成一个相对完整的研究体系，还有很大的研究空间。

未来研究可以尝试逐步构建税收对企业财务行为影响的研究体系，包括但不限于以下内容：税收影响企业财务行为的理论基础，税收影响企业财务行为路径分析，税收、税制变迁、税收优惠对企业财务行为产生影响的具体对象以及其产生的经济后果。这不仅可以系统化税收对企业行为的影响研究，也可以为其他宏观经济政策的微观效应研究起到借鉴和参考作用。

从目前的研究现状来看，对税收及税制改革问题的研究基本都是基于单一税种，特别是所得税的研究，对各税种间交互影响的研究较少。企业是一个有机整体，一个税种的课征对象、计税依据发生变化后，势必影响其他税种的计征基础。因此，加强税种之间的交互影响研究是未来研究的一个可行方向。

从税收及税制改革对企业财务影响的具体内容来看，目前研究仍然对基于财务报表、相对容易量化的内容如投资、资本结构、资产收益等关注较多，而对其他“看不见”的内容关注较少。本书从冗员的角度做了一定的尝试，未来的研究可以继续从财务战略、代理问题、利益相关者的行为、投资者保护等方面拓展研究的领域，丰富研究的内容。

随着市场经济的逐步成熟，政府也更多地运用经济手段调控企业的行为。税收政策作为财政政策的重要组成部分，扮演着重要角色。2009 年 1 月—2012 年 3 月，增值税转型改革全面实施，累计减少税收 5000 多亿元①，对企业投资和技术进步起到了重要的推动作用。据国家税务总局公布，“营改增”试点工作第一年，纳入“营改增”试点范围的纳税人已超过 100 万户，共实现减税超过 400 亿元②。国家“十二五”规划确定大力推进营业税改征增值税工作、开征环境保护税、全面改革资源税等税制改革措施。“十三五”规划再次强调全面完成营业税改增值税改革，建立规范的消费型增值税制度，党

① 肖捷. 继续实施结构性减税 促进经济可持续发展 [J]. 求是，2012(6)：32-34.

② 国家税务总局官方网站：http：//www.chinatax.gov.cn/n8136506/n8136608/n9947993/n9948014/12203275.html。

的十九大报告也提出“深化税收制度改革，健全地方税体系”，这将更加凸显结构性减税政策对加快转变经济发展方式的激励、引导作用。从 2018 年起，“减税降费”又在推动经济高质量发展的战略指引下稳步推进。因此，企业在这些政策引导下如何调整自己的行为选择，政策对企业财务活动、公司治理及企业价值等方面有什么样的影响，成为我们继续研究的方向。

参考文献

[1] Allen F, Qian J, Qian M. Law, finance, and economic growth in China [J]. Journal of financial economics, 2005, 77(1): 57-116.

[2] Almeida H, Campello M, Weisbach M S. The cash flow sensitivity of cash [J]. The journal of finance, 2004, 59(4): 1777-1804.

[3] Almeida H, Campello M. Financial constraints and investment-cash flow sensitivities: New research directions [C]. Twelfth annual utah winter finance Conference. 2001.

[4] Altshuler R, Grubert H, Newlon T S. Has US investment abroad become more sensitive to tax rates? [M]. International taxation and multinational activity. University of Chicago Press, 2000: 9-38.

[5] Anderson P M. Linear adjustment costs and seasonal labor demand: evidence from retail trade firms [J]. The quarterly journal of economics, 1993, 108(4): 1015-1042.

[6] Ascioglu A, Hegde S P, McDermott J B. Information asymmetry and investment-cash flow sensitivity [J]. Journal of banking & finance, 2008, 32 (6): 1036-1048.

[7] Ashenfelter O, Card D. Using the longitudinal structure of earnings to estimate the effect of training programs [J] [d1]. The review of economics and statistics [d2], 1985, 67 (4): 648-660.

[8] Atanasova C V, Wilson N. Disequilibrium in the UK corporate loan market

[J]. Journal of banking & finance, 2004, 28(3): 595-614.

[9] Auerbach A J, Hassett K. Recent US investment behavior and the tax reform act of 1986: A disaggregate view [C]. Carnegie-Rochester conference series on public policy. North-Holland, 1991, 35: 185-215.

[10] Auerbach A J. Tax reform and adjustment costs: The impact on investment and market value [R]. National bureau of economic research, 1986.

[11] Baxter N D. Leverage, risk of ruin and the cost of capital [J]. The journal of finance, 1967, 22(3): 395-403.

[12] Beaudry P, Caglayan M, Schiantarelli F. Monetary instability, the predictability of prices, and the allocation of investment: An empirical investigation using UK panel data [J]. American economic review, 2001, 91(3): 648-662.

[13] Belser P, Rama M. State ownership and labor redundancy: estimates based on enterprise-level data from Vietnam [M]. World bank publications, 2001.

[14] Berger A N, Udell G F. Relationship lending and lines of credit in small firm finance [J]. Journal of business, 1995: 351-381.

[15] Berger P G. Explicit and implicit tax effects of the R & D tax credit [J]. Journal of accounting research, 1993, 31(2): 131-171.

[16] Bernanke B S, Kuttner K N. What explains the stock market's reaction to Federal Reserve policy? [J]. The journal of finance, 2005, 60(3): 1221-1257.

[17] Bester H. The level of investment in credit markets with imperfect information [J]. Zeitschrift für die gesamte Staatswissenschaft/Journal of Institutional and Theoretical Economics, 1985: 503-515.

[18] Biais B, Gollier C. Trade credit and credit rationing [J]. The review of financial Studies, 1997, 10(4): 903-937.

[19] Biddle G C, Hilary G, Verdi R S. How does financial reporting quality relate to investment efficiency? [J]. Journal of accounting and economics, 2009, 48(2-3): 112-131.

[20] Biddle G C, Hilary G. Accounting quality and firm-level capital investment [J]. The accounting review, 2006, 81(5): 963-982.

[21] Blair M. Ownership and control: rethinking corporate governance for the twenty-first century [M]. The brooking institution, 1995.

[22] Bohringer C, Boeters S, Feil M. Taxation and unemployment: an applied general equilibrium approach [J]. Economic modelling, 2005, 22(1): 81-108.

[23] Bond S, Meghir C. Financial constraints and company investment [J]. Fiscal studies, 1994, 15(2): 1-18.

[24] Booth L. Estimating the equity risk premium and equity costs: new ways of looking at old data [J]. Journal of applied corporate finance, 1999, 12(1): 100-112.

[25] Boycko M, Shleifer A, Vishny R W. A theory of privatisation [J]. The economic journal, 1996, 106(435): 309-319.

[26] Brennan M J. Taxes, market valuation and corporate financial policy [J]. National tax journal, 1970, 23(4): 417-427.

[27] Brown J L, Krull L K. Stock options, R&D, and the R&D tax credit [J]. The accounting review, 2008, 83(3): 705-734.

[28] Burkart M, Ellingsen T. In-kind finance: A theory of trade credit [J]. American economic review, 2004, 94(3): 569-590.

[29] Bushee B J. The influence of institutional investors on myopic R&D investment behavior [J]. Accounting review, 1998: 305-333.

[30] Bushman R M, Smith A, Zhang F. Investment-cash flow sensitivities are really investment-investment sensitivities [R]. Working paper, University of North Carolina, 2007.

[31] Bye B, Nyborg K. Are differentiated carbon taxes inefficient? A general equilibrium analysis [J]. The energy journal, 2003, 24(2).

[32] Caggese A. Financing constraints, irreversibility, and investment dynamics [J]. Journal of monetary economics, 2007, 54(7): 2102-2130.

[33] Campello M, Graham J R, Harvey C R. The real effects of financial constraints: Evidence from a financial crisis [J]. Journal of financial economics, 2010, 97(3): 470-487.

[34] Carling K, Jacobson T, Lindé J, et al. Corporate credit risk modeling and the

macroeconomy [J]. Journal of banking & finance, 2007, 31(3): 845-868.

[35] Chamley C. The welfare cost of capital income taxation in a growing economy [J]. Journal of political economy, 1981, 89(3): 468-496.

[36] Chaney T. Liquidity constrained exporters (working paper) [J]. Chicago: University of Chicago, 2005.

[37] Chang X, Tan T J, Wong G, et al. Effects of financial constraints on corporate policies in Australia [J]. Accounting & finance, 2007, 47(1): 85-108.

[38] Chapman D R, Junor C W, Stegman T R. Cash flow constraints and firms' investment behaviour [J]. Applied economics, 1996, 28(8): 1037-1044.

[39] Chatelain J B. Structural modelling of investment and financial constraints: where do we stand? [J]. National bank of belgium working paper, 2002 (28).

[40] Chen L, Zhao X. Mechanical mean reversion of leverage ratios [J]. Economics letters, 2007, 95(2): 223-229.

[41] Chen M C, Gupta S. The incentive effects of R&D tax credits: an empirical examination in an emerging economy [J]. Journal of contemporary accounting & economics, 2017, 13(1): 52-68.

[42] Chung K H, Pruitt S W. A simple approximation of Tobin's q [J]. Financial management, 1994: 70-74.

[43] Claessens S, Perotti E. Finance and inequality: Channels and evidence [J]. Journal of comparative economics, 2007, 35(4): 748-773.

[44] Cleary S. The relationship between firm investment and financial status [J]. The journal of finance, 1999, 54(2): 673-692.

[45] Cloyd C B, Mills L F, Weaver C D. Firm valuation effects of the expatriation of US corporations to tax-haven countries [J]. Journal of the American taxation association, 2003, 25(s-1): 87-114.

[46] Cutler D M. Tax reform and the stock market: An asset price approach [J]. The American economic review, 1988, 78(5): 1107-1117.

[47] Das-Gupta A. Income tax compliance cost of corporations in India, 2000-01 [J]. Vikalpa, 2006, 31(4): 9-30.

[48] Das-Gupta A. Income Tax Compliance Cost of Corporations in India, 2000-01 [J]. Vikalpa: The Journal for Decision Makers, 2006, 31(4).

[49] DeAngelo H, Masulis R W. Optimal capital structure under corporate and personal taxation [J]. Journal of financial economics, 1980, 8(1): 3-29.

[50] Desai M A, Dharmapala D. Corporate tax avoidance and firm value [J]. The review of economics and statistics, 2009, 91(3): 537-546.

[51] Dewatripont M, Maskin E. Credit and efficiency in centralized and decentralized economies [J]. The review of economic studies, 1995, 62(4): 541-555.

[52] Dewenter K L, Malatesta P H. State-owned and privately owned firms: An empirical analysis of profitability, leverage, and labor intensity [J]. American economic review, 2001, 91(1): 320-334.

[53] Diamond P A. National debt in a neoclassical growth model [J]. The American economic review, 1965, 55(5): 1126-1150.

[54] Donahue J D. The privatization decision: Public ends, private means [M]. New York: Basic books, 1989.

[55] Dong X, Putterman L. On the emergence of labour redundancy in China's state industry: findings from a 1980-1994 data panel [J]. Comparative economic studies, 2001, 43(2): 111-128.

[56] Downs T, Hendershott P H. Tax policy and stock prices [J]. National tax journal (1986-1998), 1987, 40(2): 183.

[57] Dutta D. 11. Effects of globalisation on Employment and Poverty in Dualistic Economies: The Case of India [J]. Economic globalisation: Social conflicts, labour and environmental issues, 2004, 28(412. 79): 167.

[58] Emini C A. Long run vs. short run effects of a value added tax: A computable general equilibrium assessment for Cameroon [J]. Cahier de recherché No. 00 - 12, 2000.

[59] Faccio M . Politically-Connected Firms: Can They Squeeze the State [J]. Social science electronic publishing, 2006, volume 96(1): 369-386(18).

[60] Farrar, Donald E, Selwyn, Lee L. Taxes, corporate financial police and

return to investment [J]. National tax journal, 1967; 20(4): 44-54.

[61] Fazzari S., R. Hubbard, B. Petersen, A. Blinder, J. Poterba. Financing constraints and corporate investment [J]. Brooking papers on economic activities, 1988, 19(1): 141-195.

[62] Feiwel G R. Causes and consequences of disguised industrial unemployment in a socialist economy [J]. Soviet studies, 1974, 26(3): 344-362.

[63] Fisman R, Love I. Trade credit, financial intermediary development, and industry growth [J]. The journal of finance, 2003, 58(1): 353-374.

[64] Fisman R. Estimating the value of political connections [J]. American economic review, 2001, 91(4): 1095-1102.

[65] Frederick W C. Creatures, corporations, communities, chaos, complexity: A naturological view of the corporate social role [J]. Business & society, 1998, 37(4): 358-389.

[66] Frydman R, Hessel M, Rapaczynski A. Why ownership matters?: Politicization and entrepreneurship in the restructuring of enterprises in Central Europe [M]. New York University, Faculty of arts and science, department of economics, 1998.

[67] Fullerton D, Shoven J B, Whalley J. Replacing the US income tax with a progressive consumption tax: A sequenced general equilibrium approach [J]. Journal of public economics, 1983, 20(1): 3-23.

[68] Georgescu-Roegen N. Economic theory and agrarian economics [J]. Oxford economic papers, 1960, 12(1): 1-40.

[69] Gertler M, Gilchrist S. Monetary policy, business cycles, and the behavior of small manufacturing firms [J]. The quarterly journal of economics, 1994, 109(2): 309-340.

[70] Gertler M, Hubbard R G. Corporate financial policy, taxation and macroeconomic risk [J], The RAND journal of economics, 1993(24): 286-303.

[71] Gilchrist S, Himmelberg C P. Evidence on the role of cash flow for investment [J]. Journal of monetary economics, 1995, 36(3): 541-572.

[72] Givoly D, Hayn C, Ofer A R, et al. Taxes and capital structure: Evidence

from firms' response to the Tax Reform Act of 1986 [J]. The review of financial studies, 1992, 5(2): 331-355.

[73] Go D S, Kearney M, Robinson S, et al. An analysis of South Africa's value added tax [M]. The world bank, 2005.

[74] Goergen M, Renneboog L. Investment policy, internal financing and ownership concentration in the UK [J]. Journal of corporate finance, 2001, 7(3): 257-284.

[75] Graham J R, Hanlon M, Shevlin T J. Barriers to mobility: The lockout effect of US taxation of worldwide corporate profits [J]. National tax journal. 2010; 63(4): 1111-1144.

[76] Gravelle J. The economic effects of taxing capital income [M]. MIT press, 1994.

[77] Greenwald B C, Stiglitz J E, Weiss A. Informational imperfections in the capital market and macro-economic fluctuations [J]. American economic review, 1984; 74(2): 194-199.

[78] Grubert H, Mutti J. Do taxes influence where US corporations invest? [J]. National tax journal, 2000: 825-839.

[79] Grubert H, Mutti J. Taxes, tariffs and transfer pricing in multinational corporate decision making [J]. The review of economics and statistics, 1991: 285-293.

[80] Guariglia A. Internal financial constraints, external financial constraints, and investment choice: Evidence from a panel of UK firms [J]. Journal of banking & finance, 2008, 32(9): 1795-1809.

[81] Guenther D A. Earnings management in response to corporate tax rate changes: Evidence from the 1986 tax reform act [J]. Accounting review, 1994: 230-243.

[82] Gupta S, Mills L F. Corporate multistate tax planning: Benefits of multiple jurisdictions [J]. Journal of accounting and economics, 2002, 33(1): 117-139.

[83] Hackbarth D, Miao J, Morellec E. Capital structure, credit risk, and macroeconomic conditions [J]. Journal of financial economics, 2006, 82(3): 519-550.

[84] Hall R E, Jorgenson D W. Tax policy and investment behavior [J]. The American economic review, 1967, 57(3): 391-414.

[85] Hall R E, Rabushka A. The flat tax: A simple, progressive consumption tax [J]. Frontiers of tax reform, 1996: 27-53 .

[86] Hall R E. The effects of tax reform on prices and asset values [J]. Tax policy and the economy, 1996, 10: 71-88.

[87] Hanlon M, Slemrod J. What does tax aggressiveness signal? Evidence from stock price reactions to news about tax shelter involvement [J]. Journal of public economics, 2009, 93(1-2): 126-141.

[88] Harris R S, Marston F C. Value versus growth stocks: book-to-market, growth, and beta [J]. Financial analysts journal, 1994, 50(5): 18-24.

[89] Hart R A, Malley J R. Excess labour and the business cycle: a comparative study of Japan, Germany, the United Kingdom and the United States [J]. Economica, 1996: 325-342.

[90] Hassett K A, Hubbard R G. Tax policy and business investment [M]. Handbook of public economics. Elsevier, 2002, 3: 1293-1343.

[91] Hassett K A, Newmark K. Taxation and business behavior: A review of the recent literature [J]. Fundamental tax reform: issues, choices, and implications, 2008: 191-213.

[92] Hennessy C A, Levy A, Whited T M. Testing Q theory with financing frictions [J]. Journal of financial economics, 2007, 83(3): 691-717.

[93] Hennessy C A. Tobin's Q, debt overhang, and investment [J]. The journal of finance, 2004, 59(4): 1717-1742.

[94] Hines Jr J R, Rice E M. Fiscal paradise: Foreign tax havens and American business [J]. The quarterly journal of economics, 1994, 109(1): 149-182.

[95] Hines Jr J R. Do tax havens flourish? [J]. Tax policy and the economy, 2005, 19: 65-99.

[96] Hines Jr J R. Lessons from behavioral responses to international taxation [J]. National tax journal, 1999: 305-322.

[97] Hoshi T, Kashyap A, Scharfstein D. Corporate structure, liquidity, and investment: Evidence from Japanese industrial groups [J]. The quarterly journal of eco-

nomics, 1991, 106(1): 33-60.

[98] House C L, Shapiro M D. Temporary investment tax incentives: theory with evidence from bonus depreciation [J]. American economic review, 2008, 98(3): 37-68.

[99] Hu X, Schiantarelli F. Investment and capital market imperfections: A switching regression approach using US firm panel data [J]. Review of economics and statistics, 1998, 80(3): 466-479.

[100] Hubbard R G, Kashyap A K. Internal net worth and the investment process: An application to US agriculture [J]. Journal of Political Economy, 1992, 100(3): 506-534.

[101] Hubbard R G, Palia D. Executive pay and performance evidence from the US banking industry [J]. Journal of financial economics, 1995, 39(1): 105-130.

[102] Hutton J P, Ruocco A. Tax reform and employment in Europe [J]. International tax and public finance, 1999, 6(3): 263-287.

[103] Jaffee D M, Russell T. Imperfect information, uncertainty, and credit rationing [J]. The quarterly journal of economics, 1976, 90(4): 651-666.

[104] Jensen M C, Meckling W. Theory of the firm: Managerial behavoir, agency costs and capital structure [J]. lournal of financial economics, 1976, 3.

[105] Jin Q. Business cycle, accounting behavior and earnings management [M]. Hong Kong university of science and technology (Hong Kong), 2005.

[106] Johnson S, Mitton T. Cronyism and capital controls: evidence from Malaysia [J]. Journal of financial economics, 2003, 67(2): 351-382.

[107] Jorgenson D W. Capital theory and investment behavior [J]. The American economic review, 1963, 53(2): 247-259.

[108] Jun Young Kim . Cost of Capital, Q Model of Investment, and Capital Accumulation: Tax Reform, Cost of Capital, and Capital Accumulation [M]. Ashgate publishing, 1998.

[109] Kaplan S N, Zingales L. Do investment-cash flow sensitivities provide useful measures of financing constraints? [J]. The quarterly journal of economics, 1997, 112(1): 169-215.

[110] Kashyap A K, Stein J C. Monetary policy and bank lending [M]. Monetary policy. The University of Chicago Press, 1994: 221-261.

[111] King M A, Fullerton D. The taxation of income from capital: A comparative study of the united states, the united kingdom, Sweden, and Germany [J]. NBER Books, 1984.

[112] Klassen K J, Pittman J A, Reed M P, et al. A cross - national comparison of R&D expenditure decisions: Tax incentives and financial constraints [J]. Contemporary accounting research, 2004, 21(3): 639-680.

[113] Klassen K J, Shackelford D A. State and provincial corporate tax planning: income shifting and sales apportionment factor management [J]. Journal of accounting and economics, 1998, 25(3): 385-406.

[114] Klein A, Marquardt C A. Fundamentals of accounting losses [J]. The accounting review, 2006, 81(1): 179-206.

[115] Korajczyk R A, Levy A. Capital structure choice: macroeconomic conditions and financial constraints [J]. Journal of financial economics, 2003, 68(1): 75-109.

[116] Kornai J. The soft budget constraint [J]. Kyklos, 1986, 39(1): 3-30.

[117] Kraus A, Litzenberger R H. A state-preference model of optimal financial leverage [J]. The journal of finance, 1973, 28(4): 911-922.

[118] La Porta R, Lopez-de-Silanes F, Shleifer A, et al. Investor protection and corporate governance [J]. Journal of financial economics, 2000, 58(1-2): 3-27.

[119] La Porta R, Lopez - de - Silanes F, Shleifer A, et al. Legal determinants of external finance [J]. The journal of finance, 1997, 52(3): 1131-1150.

[120] Laffont J J, Tirole J, Idei G. Cartelization by regulation [J]. Journal of regulatory economics, 1993, 5(2): 111-130.

[121] Lang L H P, Stulz R M. Tobin's q, corporate diversification, and firm performance [J]. Journal of political economy, 1994, 102(6): 1248-1280.

[122] Levy A, Hennessy C. Why does capital structure choice vary with macroeconomic conditions? [J]. Journal of monetary economics, 2007, 54(6): 1545-1564.

[123] Li D D, Liang M. Causes of the soft budget constraint: evidence on three ex-

planations [J]. Journal of comparative economics, 1998, 26(1): 104-116.

[124] Lin J Y, Cai F, Li Z. Competition, policy burdens, and state-owned enterprise reform [J]. The American economic review, 1998, 88(2): 422-427.

[125] Lin J Y, Tan G. Policy burdens, accountability, and the soft budget constraint [J]. American economic review, 1999, 89(2): 426-431.

[126] Lopez T J, Regier P R, Lee T. Identifying tax-induced earnings management around TRA 86 as a function of prior tax-aggressive behavior [J]. The journal of the American taxation association, 1998, 20(2): 37-56.

[127] Lucas Jr R E. Supply-side economics: An analytical review [J]. Oxford economic papers, 1990, 42(2): 293-316.

[128] Maydew E L. Tax-induced earnings management by firms with net operating losses [J]. Journal of accounting research, 1997, 35(1): 83-96.

[129] Michaelis J, Birk A. Employment-and growth effects of tax reforms [J]. Economic modelling, 2006, 23(6): 909-925.

[130] Modigliani F, Miller M H. The cost of capital, corporation finance and the theory of investment [J]. American economic review, 1958(48): 261-297.

[131] Mundell R A. Exchange-Rate arrangements in the transition economies [M]. Balance of Payments, Exchange Rates, and Competitiveness in Transition Economies. Springer, Boston, MA, 1999: 95-130.

[132] Musso P, Schiavo S. The impact of financial constraints on firm survival and growth [J]. Journal of evolutionary economics, 2008, 18(2): 135-149.

[133] Myers S C, Majluf N S. Corporate financing and investment decisions when firms have information that investors do not have [J]. Journal of financial economics, 1984, 13(2): 187-221.

[134] Myers S C. Determinants of corporate borrowing [J]. Journal of financial economics, 1977, 5(2): 147-175.

[135] Myers S C. Taxes, corporate financial policy and the return to investors: comment [J]. National tax journal, 1967, 20(4): 455-462.

[136] Myers S C. The capital structure puzzle [J]. The journal of finance, 1984,

39(3): 574-592.

[137] Nurkse R. Problems of capital formation in underveloped countries [M]. Oxford University press, 1953.

[138] Oliner S D, Rudebusch G D. Monetary policy and credit conditions: evidence from the composition of external finance: comment [J]. The American economic review, 1996, 86(1): 300-309.

[139] Piggott J, Whalley J. UK tax policy and applied general equilibrium analysis [J]. Cambridge books, 2009.

[140] Ramamurti R. Testing the limits of privatization: Argentine railroads [J]. World development, 1997, 25(12): 1973-1993.

[141] Robinson J. Disguised unemployment [J]. The economic journal, 1936, 46 (182): 225-237.

[142] Roland G. Transition and economics: Politics, markets, and firms [M]. MIT press, 2000.

[143] Rondi L, Sack B, Schiantarelli F, et al. Firms' financial and real responses to monetary tightening: Evidence for large and small Italian companies [J]. Giornale degli economisti, 1998, 57(1): 35-64.

[144] Rosenstein-Rodan P N. Disgusted unemployment and under-employment in agriculture [R]. Cambridge, Mass.: Center for international studies, Massachusetts institute of technology, 1956.

[145] Schaller H. Asymmetric information, liquidity constraints, and Canadian investment [J]. Canadian journal of economics, 1993: 552-574.

[146] Schoar A. Effects of corporate diversification on productivity [J]. The journal of finance, 2002, 57(6): 2379-2403.

[147] Scholes M S, Wilson G P, Wolfson M A. Firms' responses to anticipated reductions in tax rates: The tax reform act of 1986 [R]. National bureau of economic research, 1992.

[148] Schultz T W. Transforming traditional agriculture: Reply [J]. Journal of farm economics, 1966, 48(4): 1015-1018.

[149] Scott Jr J H. A theory of optimal capital structure [J]. The bell journal of economics, 1976: 33-54.

[150] Shackelford D A, Shaviro D N, Slemrod J B. Taxation and the financial sector [J]. Taxation and the financial crisis, 2010: 148-173.

[151] Shackelford D A, Shevlin T. Empirical tax research in accounting [J]. Journal of accounting and economics, 2001, 31(1-3): 321-387.

[152] Shin H H, Park Y S. Financing constraints and internal capital markets: Evidence from Koreanchaebols' [J]. Journal of corporate finance, 1999, 5(2): 169-191.

[153] Shirley M, Walsh P. Public versus private ownership: The current state of the debate [M]. The World bank, 2000.

[154] Shleifer A, Vishny R W. Large shareholders and corporate control [J]. Journal of political economy, 1986, 94(3, Part 1): 461-488.

[155] Shleifer A, Vishny R W. Politicians and firms [J]. The quarterly journal of economics, 1994, 109(4): 995-1025.

[156] Soto H de. The other path?: the invisible revolution in the third world [M]. New York: Harper & Row; 1989.

[157] Stiglitz J E, Weiss A. Credit rationing in markets with imperfect information [J]. The American economic review, 1981, 71(3): 393-410.

[158] Stiglitz J E. A re-examination of the Modigliani-Miller theorem [J]. The American economic review, 1969, 59(5): 784-793.

[159] Stiglitz J, Weiss A. Alternative approaches to analyzing markets with asymmetric information: reply [J]. The American economic review, 1983, 73(1): 246-249.

[160] Summers L H, Bosworth B P, Tobin J, et al. Taxation and corporate investment: A q-theory approach [J]. Brookings papers on economic activity, 1981, 1981(1): 67-140.

[161] Swenson D L. Foreign investment and the mediation of trade flows [J]. Review of international economics, 2004, 12(4): 609-629.

[162] Takagi Y. Surplus labour and disguised unemployment [J]. Oxford

economic papers, 1978, 30(3): 447-457.

[163] Tobin J. A general equilibrium approach to monetary theory [J]. Journal of money, credit and banking, 1969, 1(1): 15-29.

[164] Toder E. Comments on proposals for fundamental tax reform [J]. Tax notes, 1995, 66: 2003-15.

[165] Wernerfelt B, Montgomery C A. Tobin's q and the importance of focus in firm performance [J]. The American economic review, 1988: 246-250.

[166] Whited T M. Debt, liquidity constraints, and corporate investment: Evidence from panel data [J]. The journal of finance, 1992, 47(4): 1425-1460.

[167] Xu X, Wang J. An empirical study on relationship of equity ownership structure and firm performance [J]. China industrial economy, 2005, 6.

[168] Zeldes S P. Consumption and liquidity constraints: an empirical investigation [J]. Journal of political economy, 1989, 97(2): 305-346.

[169] Zhai F, He J. Supply-side economics in the People's Republic of China's regional context: A quantitative investigation of its VAT reform [J]. Asian economic papers, 2008, 7(2): 96-121.

[170] J. M. 伍德里奇. 计量经济学导论(第3版) [M]. 北京: 中国人民大学出版社, 2009.

[171] R. 科斯, A. 阿尔钦, C. 诺思. 财产权利与制度变迁—产权学派与新制度学译文集 [M]. 上海: 三联书店, 1991.

[172] 曹书军, 刘星, 傅蕴英. 劳动雇佣与公司税负: 就业鼓励抑或预算软约束 [J]. 中国工业经济, 2009(05): 139-149.

[173] 陈冬华, 陈信元, 万华林. 国有企业中的薪酬管制与在职消费 [J]. 经济研究, 2005(02): 92-101.

[174] 陈冬华. 地方政府、公司治理与企业绩效 [D]. 上海财经大学, 2002.

[175] 陈海秋. 现阶段增值税转型改革的问题与对策 [J]. 重庆工商大学学报(西部论坛), 2009, 19(01): 87-93.

[176] 陈宏辉. 企业的利益相关者理论与实证研究 [D]. 浙江大学, 2003.

[177] 陈湘永，张剑文，张伟文．我国上市公司“内部人控制”研究［J］．管理世界，2000(04)：103-109.

[178] 陈烨，张欣，寇恩惠，刘明．增值税转型对就业负面影响的CGE模拟分析［J］．经济研究，2010，45(09)：29-42.

[179] 邓建平，曾勇．金融关联能否缓解民营企业的融资约束［J］．金融研究，2011(08)：78-92.

[180] 丁友刚，宋献中．政府控制、高管更换与公司业绩［J］．会计研究，2011(06)：70-76，96.

[181] 樊纲，王小鲁，马光荣．中国市场化进程对经济增长的贡献［J］．经济研究，2011，46(09)：4-16.

[182] 樊纲，王小鲁，张立文，朱恒鹏．中国各地区市场化相对进程报告［J］．经济研究，2003(03)：9-18，89.

[183] 樊纲．中国的国有企业为什么亏损［J］．价格与市场，1995(06)：32.

[184] 方军雄．市场化进程与资本配置效率的改善［J］．经济研究，2006(05)：50-61.

[185] 付文林，赵永辉．税收激励、现金流与企业投资结构偏向［J］．经济研究，2014，49(05)：19-33.

[186] 盖地，胡国强．税收规避与财务报告成本的权衡研究——来自中国2008年所得税改革的证据［J］．会计研究，2012(03)：20-25，94.

[187] 顾乃康，孙进军．融资约束、现金流风险与现金持有的预防性动机［J］．商业经济与管理，2009(04)：73-81.

[188] 郭丽虹，马文杰．融资约束与企业投资-现金流量敏感度的再检验：来自中国上市公司的证据［J］．世界经济，2009，32(02)：77-87.

[189] 韩仁月．税制结构变迁、效应及优化研究［D］．山东大学，2011.

[190] 韩忠雪，周婷婷．产品市场竞争、融资约束与公司现金持有：基于中国制造业上市公司的实证分析［J］．南开管理评论，2011，14(04)：149-160.

[191] 贺娜．中国国有企业隐性失业的体制成因及治理对策［J］．株洲师范高等专科学校学报，2005(04)：103-105.

[192] 胡旭阳，史晋川．民营企业的政治资源与民营企业多元化投资——以中国民营企业500强为例 [J]．中国工业经济，2008(04)：5-14.

[193] 胡旭阳．民营企业家的政治身份与民营企业的融资便利——以浙江省民营百强企业为例 [J]．管理世界，2006(05)：107-113，141.

[194] 简新华，余江．基于冗员的中国就业弹性估计 [J]．经济研究，2007(06)：131-141.

[195] 姜付秀，黄继承．市场化进程与资本结构动态调整 [J]．管理世界，2011(03)：124-134+167.

[196] 姜国华，饶品贵．宏观经济政策与微观企业行为——拓展会计与财务研究新领域 [J]．会计研究，2011(03)：9-18，94.

[197] 蒋选．论各类失业的结构性质——对西方失业理论的另一种思考 [J]．中央财经大学学报，2002(05)：59-63.

[198] 金碚．论国有企业改革再定位 [J]．中国工业经济，2010(04)：5-13.

[199] 况学文，施臻懿，何恩良．中国上市公司融资约束指数设计与评价 [J]．山西财经大学学报，2010，32(05)：110-117.

[200] 李嘉明，董来公．增值税转型对企业的影响——基于企业生命周期理论的分析 [J]．税务研究，2005(03)：41-44.

[201] 李嘉明，李苏娅．增值税转型对企业固定资产投资影响的实证研究 [J]．财经论丛，2007(01)：26-31.

[202] 李捷瑜，江舒韵．市场价值、生产效率与上市公司多元化经营：理论与证据 [J]．经济学(季刊)，2009，8(03)：1047-1064.

[203] 李科，徐龙炳．融资约束、债务能力与公司业绩 [J]．经济研究，2011，46(05)：61-73.

[204] 李延喜，杜瑞，高锐，李宁．上市公司投资支出与融资约束敏感性研究 [J]．管理科学，2007(01)：82-88.

[205] 李增福，李娟．税率变动与资本结构调整——基于2007年新企业所得税法实施的研究 [J]．经济科学，2011(05)：57-69.

[206] 李长春，万玻，魏强劲．所得税改革对企业财务活动的影响 [J]．财

会研究，2008(21)：17-18.

［207］连玉君，程建．投资—现金流敏感性：融资约束还是代理成本？［J］．财经研究，2007(02)：37-46.

［208］林高．我国国有企业高管政治关联研究［D］．西南财经大学，2012.

［209］林毅夫，蔡昉，李周．充分信息与国有企业改革［M］．上海：上海人民出版社，1997.

［210］林毅夫，李志赟．政策性负担、道德风险与预算软约束［J］．经济研究，2004(02)：17-27.

［211］刘行，叶康涛，陆正飞．加速折旧政策与企业投资——基于"准自然实验"的经验证据［J］．经济学(季刊)，2018，18(01)：213-234.

［212］刘行，叶康涛．企业的避税活动会影响投资效率吗？［J］．会计研究，2013(06)：47-53，96.

［213］刘璟，袁诚．增值税转型改变了企业的雇佣行为吗？——对东北增值税转型试点的经验分析［J］．经济科学，2012(01)：103-114.

［214］刘磊，刘益，黄燕．国有股比例、经营者选择及冗员间关系的经验证据与国有企业的治理失效［J］．管理世界，2004(06)：97-105，112.

［215］刘艳伟．国外增值税制的比较分析与启示［J］．财经界(学术版)，2009(01)：91-92.

［216］卢锐，许宁．增值税转型对上市公司固定资产投资的影响研究［J］．税务研究，2011(06)：46-48.

［217］陆炜，杨震．中国增值税转型可行性实证分析(续一)［J］．税务研究，2000(10)：27-35.

［218］陆炜，杨震．中国增值税转型可行性实证分析［J］．税务研究，2000(09)：18-33.

［219］陆正飞，祝继高，樊铮．银根紧缩、信贷歧视与民营上市公司投资者利益损失［J］．金融研究，2009(08)：124-136.

［220］罗党论，甄丽明．民营控制、政治关系与企业融资约束——基于中国民营上市公司的经验证据［J］．金融研究，2008(12)：164-178.

［221］罗琦，张克中．经济周期波动与企业现金持有行为关联性探析［J］．

财贸经济，2007(10)：79-82.

[222] 罗长远，陈琳. FDI是否能够缓解中国企业的融资约束 [J]. 世界经济，2011，34(04)：42-61.

[223] 骆阳，肖侠. 增值税转型对江苏省沪市上市公司税负影响的实证分析 [J]. 税务研究，2010(05)：79-80.

[224] 马拴友. 税收优惠与投资的实证分析——兼论促进我国投资的税收政策选择 [J]. 税务研究，2001(10)：39-44.

[225] 马永强. 高技术企业融资：合约的选择与再安排 [D]. 西南财经大学，2004.

[226] 梅丹. 上市公司固定资产投资规模影响因素 [J]. 证券市场导报，2005(09)：56-60.

[227] 闵丹，韩立岩. 市场结构、行业周期与资本结构——基于战略公司财务理论的分析 [J]. 管理世界，2008(02)：82-89.

[228] 倪婷婷，王跃堂. 增值税转型、集团控制与企业投资 [J]. 金融研究，2016(01)：160-175.

[229] 倪婷婷，王跃堂. 增值税转型促进了企业研发投入吗？[J]. 科学学研究，2018，36(10)：1848-1856.

[230] 聂辉华，方明月，李涛. 增值税转型对企业行为和绩效的影响——以东北地区为例 [J]. 管理世界，2009(05)：17-24，35.

[231] 彭程，刘星. 负债融资与企业投资决策的互动关系：税收因素视角的实证研究 [J]. 经济科学，2007(04)：58-69.

[232] 彭程. 基于税收利益与破产成本的企业投融资决策互动关系研究 [D]. 重庆大学，2007.

[233] 彭培鑫，朱学义. 两税合并对我国上市公司资本结构的影响 [J]. 北京工商大学学报(社会科学版)，2011，26(03)：118-122.

[234] 彭培鑫. 所得税税制变革、税盾价值与上市公司融资决策研究 [D]. 中国矿业大学，2011.

[235] 青木昌彦，钱颖一. 转轨经济中的公司治理结构—内部人控制与银行的作用 [M]. 北京：中国经济出版社，1995.

[236] 屈文洲，谢雅璐，叶玉妹．信息不对称、融资约束与投资—现金流敏感性——基于市场微观结构理论的实证研究［J］．经济研究，2011，46(06)：105-117.

[237] 饶品贵，姜国华．货币政策波动、银行信贷与会计稳健性［J］．金融研究，2011(03)：51-71.

[238] 石晓军，张顺明．商业信用、融资约束及效率影响［J］．经济研究，2010，45(01)：102-114.

[239] 宋浩，王伟．国有控股、高管薪酬和超额雇员［J］．经济学动态，2012(01)：48-51.

[240] 宋献中，吴一能，宁吉安．货币政策、企业成长性与资本结构动态调整［J］．国际金融研究，2014(11)：46-55.

[241] 宋献中．资本结构与税收的相关性分析［J］．暨南学报(哲学社会科学版)，2001(03)：71-77.

[242] 宋艳敏．从财务视角分析增值税转型对企业的影响［J］．财会月刊，2009(28)：46-47.

[243] 苏冬蔚，曾海舰．宏观经济因素、企业家信心与公司融资选择［J］．金融研究，2011(04)：129-142.

[244] 孙铮，刘凤委，李增泉．市场化程度、政府干预与企业债务期限结构——来自我国上市公司的经验证据［J］．经济研究，2005(05)：52-63.

[245] 万华林，朱凯，陈信元．税制改革与公司投资价值相关性［J］．经济研究，2012，47(03)：65-75.

[246] 万小勇，顾乃康．现金持有、融资约束与企业价值——基于门槛回归模型的实证检验［J］．商业经济与管理，2011(02)：71-77，97.

[247] 王素荣，蒋高乐．增值税转型对上市公司财务影响程度研究［J］．会计研究，2010(02)：40-46，92.

[248] 王元．大企业结构优化中的冗员问题［J］．管理世界，1997(02)：141-147，151.

[249] 王跃堂，王国俊，彭洋．控制权性质影响税收敏感性吗？——基于企业劳动力需求的检验［J］．经济研究，2012，47(04)：52-63.

[250] 王跃堂，王亮亮，彭洋．产权性质、债务税盾与资本结构 [J]．经济研究，2010，45(09)：122-136.

[251] 王志强．税收非中性与公司财务政策选择 [J]．商业时代，2003(11)：24-26.

[252] 魏锋，刘星．融资约束、不确定性对公司投资行为的影响 [J]．经济科学，2004(02)：35-43.

[253] 吴联生，岳衡．税率调整和资本结构变动——基于我国取消“先征后返”所得税优惠政策的研究 [J]．管理世界，2006(11)：111-118，127.

[254] 吴延瑞．冗员与企业特征：中国国有企业的案例研究 [J]．南开经济研究，1999(03)：2-9.

[255] 向玉琼．公共政策供给滞后的理论及原因探讨 [J]．理论探讨，2007(05)：157-160.

[256] 胥佚萱，林志伟．增值税转型改革与企业固定资产投资决策——基于中国上市公司数据的面板双重差分模型分析 [J]．税务与经济，2011(01)：90-97.

[257] 许正中，张孝德．税收经济学 [M]，北京：国家行政学院出版社．2005.

[258] 薛云奎，白云霞．国家所有权、冗余雇员与公司业绩 [J]．管理世界，2008(10)：96-105.

[259] 阳佳余．融资约束与企业出口行为：基于工业企业数据的经验研究 [J]．经济学(季刊)，2012，11(04)：1503-1524.

[260] 杨抚生，蔡军．不可忽视增值税转型对地方经济的负面影响 [J]．税务研究，2006(02)：35-38.

[261] 杨瑞龙．国有企业股份制改造的理论思考 [J]．经济研究，1995(02)：13-22.

[262] 杨欣，夏杰长．税收与投资关系实证分析 [J]．投资研究，2004，000(001)：15-18.

[263] 杨震，刘丽敏．增值税转型对上市公司影响的实证研究 [J]．税务研究，2006(05)：43-47.

[264] 杨震．中国增值税转型对企业生命周期影响的实证研究 [J]. 财政研究，2006(09)：51-53.

[265] 杨之刚，丁琳，吴斌珍．企业增值税和所得税负担的实证研究 [J]. 经济研究，2000(12)：26-35，77.

[266] 叶康涛，祝继高．银根紧缩与信贷资源配置 [J]. 管理世界，2009(01)：22-28，188.

[267] 应惟伟．经济周期对企业投资影响的实证研究——基于投资现金流敏感性视角 [J]. 财政研究，2008(05)：30-34.

[268] 于洪霞，龚六堂，陈玉宇．出口固定成本融资约束与企业出口行为 [J]. 经济研究，2011，46(04)：55-67.

[269] 于蔚，金祥荣，钱彦敏．宏观冲击、融资约束与公司资本结构动态调整 [J]. 世界经济，2012，35(03)：24-47.

[270] 于文超，何勤英．政治联系、企业非生产性支出与生产效率——来自中国民营上市公司的证据 [J]. 投资研究，2012，31(08)：82-95.

[271] 余明桂，回雅甫，潘红波．政治联系、寻租与地方政府财政补贴有效性 [J]. 经济研究，2010，45(03)：65-77.

[272] 袁玉平，陈玥，袁淳．基于代理成本视角的公司投资支出季度性差异研究 [J]. 证券市场导报，2008(06)：56-62.

[273] 袁志刚，黄立明．国有企业隐性失业与国有企业绩效 [J]. 管理世界，2002(05)：42-46，54.

[274] 张聚昌，张云峰．国有企业隐性失业公开化成本与效益的实证分析——黑龙江省145户国有大中型企业的调查 [J]. 经济科学，2000(01)：5-8.

[275] 张西征．货币政策、融资约束与公司投资决策 [D]. 南开大学，2010.

[276] 张欣．增值税转型会使就业雪上加霜 [N]. 经济观察报，2008-12-1(16).

[277] 赵冬青，朱武祥，王正位．宏观调控与房地产上市公司资本结构调整 [J]. 金融研究，2008(10)：78-92.

[278] 郑江淮，何旭强，王华．上市公司投资的融资约束：从股权结构角度

的实证分析［J］. 金融研究，2001(11)：92-99.

［279］周宏，吴桂珍，李继陶．融资约束对中国上市公司投资行为影响的实证研究［J］. 财经科学，2012(05)：10-17.

［280］曾庆生，陈信元．国家控股、超额雇员与劳动力成本［J］. 经济研究，2006(05)：74-86.

［281］曾庆生．超额雇员、权益代理成本与公司价值——来自国有上市公司的经验证据［J］. 上海立信会计学院学报，2007(01)：41-47.

后　记

本杰明·富兰克林曾经说过："世界上只有两件事是不可避免的，那就是税收和死亡。"税制的演变总是伴随着国家历史的演进，历代经济改革的序幕也总是从财税改革拉开，从管仲首创"相地而衰征""寓税于价"到桑弘羊开创"算商车""算缗钱"；从杨炎主持"两税法"到张居正推行"一条鞭法"，无不是在时代背景约束条件下国家治理的选择。历史的车轮从不停歇地滚滚向前，逻辑的演绎却常常似曾相识：改革开放以来，从20世纪80年代"利改税"到1994年"分税制"改革，从1991年"外商投资企业和外国企业所得税"开征到2008年"两税合一"，从生产型增值税到转型消费型增值税，从"营改增"到"减税降费"，同样是在不同阶段下国家发展战略和治理需求的现实选择。

庆幸，能与这个万物互联的伟大时代共成长；感恩，能有幸从研究的视角去触碰、去感知、去探求宏观、微观的互联与税收的奇妙。本书是我自博士阶段以来从事研究及相关课题的成果积累，定稿之余，甚感欣慰，欣喜之余，又几多感激。

感谢成长路上良师益友的引领和家人的支持，让我能有幸进入博士阶段的学习，从而走上学术研究之路，能够站在一个特别的平台和视角，打开一扇看世界的窗户。不仅如此，这个阶段所受的学术训练以及后续研究经历的磨炼也是我一生受用不尽的财富，它让我对人对事更加平和，更容易直面失败和接纳身边人与事的异质性，当面临简单的事情反复做、复杂的事情坚持做的时候，有一种更为积极的心态去应对。

深深感谢我的博士导师罗宏教授！恩师深厚的学术功底加之敏锐的学术嗅觉，赋予了他举重若轻、神闲气定的大家风范。三年的博士学习，恩师对我倾注了大量的心血，从论文选题到文章框架的确立、资料的收集、初稿的形成、文章的定稿，都得到了恩师细致耐心的指导。不管是周末还是深夜，老师总是不厌其烦地为我答疑解惑，从文章的逻辑架构到遣词措意都给予悉心指教；无数次自己感觉山穷水尽时，总能在老师的指点下柳暗花明。难以想象，如果没有罗宏老师倾心、无私的指导和帮助，我当初会陷入怎样的迷茫。我不仅在学业上受到了老师精心的指导，读博期间生活上的困难也时时让老师费心挂念，每次见面，老师总会在谈学习前问问我家儿子的成长情况，关心我母亲的病情，虽然只是几句简单的问候，却似冬日暖阳。毕业之后，恩师对我同样不离不弃，在学术上、工作上给予我莫大的帮助和悉心的指导。尤为重要的是，在老师身上，我学到的不仅仅是知识，更有认真踏实的做事态度、谦逊真诚的为人品格、对自己职业和事业无限的热爱与执着，正是因为这种榜样的力量和精神的引领，我才愿意去相信坚持和坚守的力量。正如恩师所说："不是因为有了希望才去坚持，而是坚持了才有希望。"衷心地祝愿恩师及家人平安幸福！

感谢博士期间的班主任余霞老师和方萍副书记，时隔多年，我对她们给予的帮助仍历历在目，难以忘怀。当年读博期间怀孕生子给自己的学业带来了一定的困难，正是由于余霞老师和方萍副书记无微不至的关怀、帮助我合理地平衡了学习和生活，我才能如期完成学业。感谢马永强院长、唐雪松副院长、吉利教授在我博士论文开题时给予的指导意见，感谢蔡春教授、樊行健教授、余海宗教授、谭洪涛教授、唐雪松教授在我博士论文预答辩时给予的宝贵意见，正是由于他们的指点，我的论文修改得才如此顺利。感谢母校郭复初教授、彭韶兵教授、杨丹教授、陈旭东教授以及其他所有老师，他们用专业知识为我们传道授业，用专业精神为我们诠释西财精神。如今母校不在身边，却在心里；老师不在身边，却在人生里。

感谢同门师姐张玮倩、郝以雪，她们对我总是有求必应，无私地分享自己的经验和心得。感谢同门闺密谢柳芳博士，正是她的"又拉又拽"，才让我按时毕业有了可能。她总会把我们的学习进度安排妥当，让我不用费心记很多琐事，她阶段性的温馨提示让我可以更顺畅地打理好自己的学习和生活。感谢同门好友程浩博士及薛媛博士，有了他们的陪伴，前行的路上倍感温暖。感谢同门师妹宛玲羽，忘不了小宛师妹为我的论文而焦头烂额时的神情；更忘不了我们在一起好多次忘记时间，从论文到人生秉烛畅聊至凌晨的日子。感谢同门师妹黄敏博士，敏儿师妹扎实的英文功底和专业基础，是我论文写作得以顺利完成的重要力量。感谢吴澄澄师妹、周大伟师弟、刘宝华师弟，正是因为有了他们的帮助和陪伴，我的博士生活才不觉孤单。

感谢我的工作单位西南民族大学管理学院的领导刘晓红院长、仁孜泽仁书记、徐雪红副书记、刘毅副院长、姚珣副院长，教研室同事胡文君副教授、袁蕴教授及其他同事们的支持和关心，让我无论在教学、科研、学生工作还是在教学管理、党务工作方面都能获得锻炼的平台和成长的机会，能够更全面地认知自我，扬长补短，挖掘自己的潜力。

北京大学光华管理学院一年访学的日子，让我的学术生涯获得新的起点，感谢合作导师龚六堂老师在宏观经济学和研究方法上给予的拨云见日、醍醐灌顶般的指导，老师高屋建瓴的专业认知和平易近人的大师风范，让我的访学生涯收获满满。

事业上的点滴进步都离不开家人的理解和支持。从走上研究之路的那天起，家人的陪伴和支持就是我前行路上最温暖的力量。犹记博士学习那段日子，不仅是我踏上了学术研究之路的起点，也让我经历了人生的跌宕起伏。三年间，初为人母的喜悦与对重病母亲的担忧让我时感焦灼；新生命的灿烂与将逝生命的衰弱让我体味着冰火两重天。儿子奕融的出生给了我最绚烂的心情，再苦再累，儿子的一丝微笑定能一扫头上所有的乌云、化解心中所有的阴霾。当然，儿子的出生也给了我前行路上最强劲的动力，谢谢你，亲爱的宝贝，给了妈妈完整的人生！“奕文以拙积墨修身，融宸于巧济世致远”，是爸爸妈妈对你的期望，愿你健康成长！

感谢丈夫赵文燕先生，正因为先生最初的支持和鼓励，我的博士之梦才成为现实。也正是先生的理解、支持和承担，让我有更充裕的时间完成学业、投入工作、成就访学。

特别感谢我的父母陈正华先生和彭商远女士，从我呱呱坠地到博士学业的完成，他们付出了毕生的心血。在我人生的每一个台阶，在我人生的每一个小站，他们的手总是搀拉着我，是我最坚强的后盾。博士学习期间，为了保证我的学习时间，他们承担起了几乎所有的家务和照顾儿子的责任。母亲患病后，父亲更是承担起了照料母亲的主要任务。母亲的坚强和乐观、对生命的信念让我从不失去盼望、心向阳光、相信未来。三年的博士学习，让我获得太多，也失去太多。论文写作时，键盘上迸出的嘀嘀嗒嗒的敲击声总在催促我快些、再快些，因为这是在与母亲的生命抢时间。如今，母亲已与上帝同在，遗憾的是她最终还是未能等到我戴上博士帽的那天，再多的语言、再华丽的辞藻也无法表达我对母亲的无尽哀思和深深愧疚。从记事起和母亲在一起的日子到她临终前的一刻，始终如电影般一幕幕在脑海中闪过；她极富穿透力的声音仍时常在我耳畔回响；曾经的每一个拥抱、每一次亲吻、每一次怀里的撒娇仍让我感觉余温犹存。母亲没有给我留下太多物质上的财富，但她乐观积极的人生态度、真诚谦和的为人作风、面对困难和病痛不屈不挠的抗争精神将是我及我的后代永远的财富。“半世为烛育子树人风悲远，一生从羊克己复礼弦断商”，愿母亲在天上永享尊荣！

陈丽霖

2019 年 6 月于北京大学图书馆